母の手を逃れて

Mon enfance bafouée

ジョジアーヌ・ペラン 著
Josyane Perrin

朝比奈弘治　岩澤雅利 訳
Kouji Asahina　*Masatoshi Iwasawa*

紀伊國屋書店

Josyane PERRIN,
MON ENFANCE BAFOUÉE,

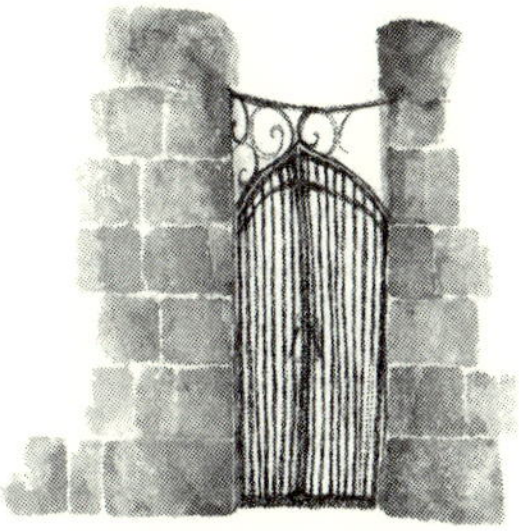

母の手を逃れて

目次 contents

装幀　熊澤正人
装画　金子　恵

第一章

一九五八年十一月

わたしは六歳になったばかりだった。みすぼらしい身なりで、外出用の小さい靴に素足を突っ込み、通りをさまよっていた。寒さをしのぐ場所を求めて、団地のほうへと向かっていた。手も足も冷たい。メッスの街は、一昨日から降りつもった雪にすっぽり覆われている。頭がぼうっとし、足の力は抜け、顔には凍るように冷たい風が吹きつけてくる。こんな寒さのなかでずっと外にいたら、もうからだがもたない。夜を明かす場所をはやく見つけなくては。歩きつづけるあいだにも頭に浮かぶのは、親につかまったら最後、また地獄のような生活が始まる、という思いばかりだ。突然、背後で物音がした。はっとして振り返ると、あとをつけてくるらしい人影が見え、走って近くの畑にかくれた。息つく間もなく、おびえて走りつづけるのがわたしの運命なのだ。じっとしていたらつかまるのではないかと不安になり、恐怖を押しのけて再び団地をめざした。いちばん近い棟にたどりついて扉に手をかけたが、閉まっている。別の扉のノブを回すと、今度は開いた。通路は人気がなく、しんとしている。地下に通じる階段をおりた。音をたてないように、奥の地下貯蔵庫のほうへ進み、夜を明かす場所を探した。運よく、突き当たりの地下室には鍵がかかっていなかった。わたしはぜいたくなど言わない。何とか寝られればそれでいい。床に散らばっていた段ボールを二、三枚重ねて、その上に横になった。使い古しの鞄は枕にちょうどよかった。こういう場所につきものの虫や小動物のことなど気にならなかった。人の気配にくらべたら、そんなものちっとも怖くない。わたしはもう何も考えず、鞄に頭をのせ、古新聞にくるまり、疲れきって眠りにおちた。その夜は長い悪夢をみた。真っ暗なトンネルの中を、たくさんのお化けに追いかけられながら必死に走っているが、どうしても出口が見つからない。恐ろしい夢！　急に目がさめて、自分にどんな未来があるのか考えた。愛情にも、友だちにさえもめぐまれない生活が、ただ果てしなく広がっていた。

地下室を出ようとしたとき、階段で足音がした。あわてて古い家具の陰にかくれて耳をすますと、隣の地下室で人の動く気配がする。その人が歌を口ずさんでいたせいか、何も見えないのに怖くなかった。しばらくして、隣はまた静かになった。いまのうちにここを出ようと決め、あたりを見回しながら外に出た。猛烈にお腹がすいていた。すぐそばのパン屋まで歩いて、ポケットから小銭を取りだした。パンとチーズを買って一日か二日しのぐだけのお金はある。店に駆けこんでバゲットと「笑う牛」マークのチーズを買った。ちょっと可笑《おか》しくなった。牛の笑顔で悲しみをまぎらすことになるなんて！　雪の降りつもった丘にすわってむさぼるように食べていると、ちょうど地平線に太陽がのぼってきた。食卓をかこんで、椅子にかけ、幸せそうにしている子どもたちを思いうかべずにいられなかった。住宅街のほうまで歩いてきても、わたしを救ってくれるような出来事は起こらなかった。やがて出会った浮浪者たちに、わたしは仲間意識を覚えた。似たもの同士の彼らといると心が安らいだ。彼らにまじって、同じようにうつろな心で、無関心な通行人に向かって物乞いまでした。彼らと同じように、わたしも無に等しい、何の価値もない人間で、みんなから白い目で見られているように感じていた。やがてまたひとりになって歩きつづけた。どの塀のうしろにも、どの木や扉の陰にも誰かが待ちかまえていて、わたしを家か警察へ連れていこうとしている、と思いながら。このまま逃げおおせるとは自分でも思っていなかった。いつかはつかまるとわかっていた。

日が暮れて、人の通らなくなった街を闇と静寂が支配すると、あたりは薄気味わるい巨大な暗がりになった。街灯の青白い寒々とした光が、不吉な雰囲気をいっそう強めている。なんてさびしい場所なのだろう！　わたしは、新聞紙を毛布がわりにもう一晩明かそうと、あの地下室に向かって足を早めた。その夜も、いやな夢をみた。相変わらず誰かに追いかけられる夢だ。夜が明け、外に出る。ここはほとんど日が射さないので、あまり長くいたくない。風に葉を乱されながら、木々が頭を揺らしている。刺すように冷たい雪のかけらが激しく顔に当たる。荒れ狂う風に髪が逆立つ。ひとり心細く汚れた服でさまよい歩いて、もう三日になる。怖いけれど、痛い目にあわされにわざわざ家に戻ることは考えられなかった。ひどくお腹がすき、つい無用心な行動にでてしまう。つかまらないようにたびたび居場所を変えた。

お金がなくなって、食べものを手に入れようとデパートの中を歩いていたとき、いきなり肩に手をかけられた。恐れていた瞬間がついにきたのだった。逃げる暇はなかった。強い力でからだを抱えられ、とめてある車のほうへ連れていかれた。ふたりの警官に付き添われて交番に着いてみると、壁にわたしの写真が留めてある。警察ははじめから、家出人としてわたしの行方を捜していたのだった。言われるままに椅子にすわると、手にあかぎれのある皺《しわ》だらけのお婆さんが熱いココアとクロワッサンを持ってきてくれた。やがて、もう少し若い女のひとが訊問にきた。わたしはどんな質問にも答えなかった。どうせママが全部打ち消してしまうのだから、答えてもしかたがない。ママは言うだろう、この子は家出癖のある、不潔で手に負えない娘なんですよ……。交番にいた二時間のあいだにからだは暖まり、書類には文字が書き込まれていった。それから、私服の捜査官の合図で、ふたりの警官が覆面パトカーでわたしを家まで送ることになった。彼らは親切で、おどけて笑わせようとさえしてくれたけれど、わたしは上の空だった。着いたらまた折檻だと思うと何も耳に入らず、黙りこんでいた。

家に着くころ、わたしのからだは元のように冷えきって、体温を失っていた。警官がベルを鳴らすと、少し間をおいて、扉が乱暴に開いた。パパはきっとまだ仕事なのだ。警察の人ふたりに挟まれているわたしを見て、ママは顔を真赤にした。急いで彼らを中に入れ、奥へ追い立てたわたしの頬をぴしゃりと一打ちしてから、警察の手をわずらわせたことを詫びた。忠告を聞いたあと、ママはていねいにお礼を言いながら、彼らを戸口まで送った。戻ってきたときのママの怒りはものすごかった。自分の手が痛くなるまでわたしをさんざん殴りつけ、そのあげく、わたしの髪をつかんで地下室に突き落とした。わたしは痛くて泣き叫んだ。10分ほどすると突然戸が開いて、バケツで、凍るような水を浴びせかけられた。「すぐに泣きやまないと一杯だけじゃすまないわよ」とママが言う。わたしは苦しみと無力感に押しつぶされた。幻覚のようなもののほかに、もっとはっきりした何かが、からだの内側から襲ってきた。負った傷がふさがらないような感覚で、わたしはあっという間に身も心もその痛みに征服され、痛いということのほか何も考えられなくなった。自分のからだを見てみると、青あざとひっかき傷だらけだ。なんて恐ろしいお仕置きだろう！何時間かたった。やがて、歩こうとしてもただ一歩踏みだすことさえできないのがわかった。目がまわり、吐き気がし、痛くて痛くてたまらなかった。そのうち床の上で眠ってしまった。蹴とばされて目がさめた。

「もう立っていられないの。足の感覚がないのよ」

「へたな芝居なんかして。私がいますぐ立たせてあげるわよ！」

わたしは答えた。

「ほんとにだめなの。ぶたれても、足がいうことをきかない」

今度はママもわたしを信じたようだった。こんな話を嘘で言えるものじゃない。このときようやく、ママは自分の暴力がどんな結果を引き起こしたかに気づいたのだ。手加減を忘れてわたしを力まかせに殴りつけたので、医者を呼ばないわけにいかなくなった。ママはわたしの兄を呼んで、ふたりでわたしを引きずってベッドに寝かせた。めずらしいことに、ママはびっくりしたまま、何をしたらいいかわからない様子だった。しばらくしてやっと、わたしを新しい服に着せかえ、兄に医者を呼びに行かせた。果てしなく長く思える時間が過ぎてから、やっとお医者さんが来た。お医者さんはママのことも、ママの癇癪《かんしゃく》のことも、ずっと前から知っている。聴診器をあてるとき、わたしのからだに打たれた跡があるのを見逃さなかった。何も言わなかったけれど、ママのしたことをひどいと思っているのが顔つきからわかった。お医者さんはわたしをいたわるようにやさしく手当てし、励ましてくれた。

「雪の中でずっとはだしでいたから、足がまいっているんだ。でも私の言うとおりにすれば、すぐ元通りになるよ。毎日少しずつ歩く練習をなさい」

彼は一日三回マッサージをするように言い、ママに、もっと控えめに行動するよう注意した。ママはお医者さんの目を見返して答えた。

「一度や二度叩いたくらいでおおげさなこと言わないでください。この子が面倒を起こしさえしなければ、厳しく扱う必要もないんですよ！」

お医者さんは、もしまたわたしのからだに打たれた跡があるのを見たら役所の福祉課に連絡する、とママに言った。それから語調をやわらげて、自分も古い教育を受けた人間だから、ときどきお尻を叩くことまでは止めないと言い添えた。彼が帰るとママは、だいじょうぶかとも訊かず、ぶっきらぼうにこう言った。

「心配いらないわ。すぐ歩けるようにしてあげるから」

わたしは疲れ果てて、あっという間に眠りに落ちた。とぎれとぎれに悪い夢をみた。何時間も通して眠ったらしく、目がさめたときには元気が戻っていた。ママが入ってきて、ベッドの毛布をたたんだ。そして気を遣ってやっているんだと言わんばかりの態度で、わたしをベッドの端にすわらせ、兄と姉に言った。

「ひとりずつ腕を持って立たせるのよ。それからテーブルの周りを歩かせて」

言い終えると、ママはわたしたちを残して部屋を出ていった。兄と姉はためらっている様子だったが、ママが怖いので、言いわけしながらわたしを立ち上がらせた。

「こうするしかないんだ」と兄のギーが言った。「でなきゃ、おまえはもっとひどい目にあう。少しがんばって、ぼくたちを助けてくれよ」

ギーは悲しげな、やさしい目をしていた。褐色の髪がやせこけた顔を縁どっている。わたしの次にお仕置きされ、小言をいわれるのは彼だった。

その日はただの一歩も歩けなかった。それからの数日を、わたしは一生忘れないだろう。歩く練習のたびに、わたしはぶたれた。「こうすれば早く歩けるようになるわ」とママは言った。叩いて血のめぐりを良くするというのだ。まる一週間、わたしは家の仕事ができなかった。案の定ママは、わたしが治ったら、失った時間を取り戻すため大急ぎで仕事をして、遅れを埋め合わせてもらうと釘をさした。汚れものは洗濯場に、ほこりは家具の上にたまっていった。背が高くて悲しげな目をした、どちらかというと目立たない姉のグラディスがほんの少し家事をしたけれど、残りをわざわざわたしのために取っておく。

「おまえのリハビリのためよ！」とママは言った。

わたしが足をひきずりながら仕事を片づけるのを、ママは笑って見ていた。しばらくして、お医者さんがわたしの様子を見にきて、足の状態があまり良くなっていないことに気づいた。わたしは依然として歩くのが大変で、明らかに後遺症が残っていた。お医者さんは、ソーシャルワーカーにわたしの話を伝え、両親の手から助け出すと約束してくれた。

ママは、医者が自分のしつけの仕方に疑問を抱いていると察して、わたしたちの方をうかがっていた。それでも、彼の考えをまともに取りあげる気はなさそうだった。やがて彼は帰っていった。立ちあがったママの顔は、影になってよく見えなかった。

「まったく、でしゃばりな男ね。断っておくけど、おまえが私の家に住んで、私が買ってきたパンを食べて、私の世話になる以上、黙って言うことをきくのよ、いい?」ママは雷のような声でどなった。

からだの芯まで凍え、力も勇気もなくして、わたしは泣いた。

わたしはこの世でいちばん嫌な女のひと、つまりママに、養われていたのだ。

第二章

メラニー叔母さんは、わたしが生まれたときの話をよく聞かせてくれた。二十時間にも及ぶ苦しい分娩のすえ、わたしは一九五二年十月の、ある日の明け方、鉗子《かんし》で引っぱりだされた。そしてほどなく、乳を飲ませるのも寝かしつけるのも難しい、手のかかる赤ん坊になった。まるで自分が家庭内で歓迎されない子どもだと、すでに感づいていたかのように……。ママは洗礼名をテレーズという。あんなに意地の悪い人には美しすぎる名だ。もう幾人も子どもを生んでいるのに、ほとんど体型がくずれていなかった。赤毛がいっそう冷酷な印象を与え、わたしを見据える目には憎しみがみなぎっていた。彼女の手のことも、わたしはよく思い返した。いつも念入りに磨きあげられ、近づきがたい厳めしさを漂わせていた、あの残酷な手。わたしはあの手にやさしく撫でられる幸運に恵まれたことがない。ママは、動物の爪のように大きくてとがった爪に、こまめにマニキュアを塗っていた。ママは、絶えずひとに向かって恨みを晴らし、どんな障害もはねのけてしまうタイプの人だ

った。わたしのことを好きじゃなかったし、いつも、日常生活の気苦労の責任を他人に、とくにわたしになすりつけた。恐ろしい人だった。何かで怒っているときにたまたま見つかったら、もう最後だった。わたしがいるのを見ると、ママは、まるで怒りを爆発させる理由をつくるみたいに、仕事を言いつけた。それでわたしはたびたび、ママの目を避けて、目立たない隅っこに隠れるのだった。子どもは三人まで、とママは考えていたらしい。でも現実はそうならなかった。三度目の出産のあと、わたしを含めてあと七人、子どもが生まれた。わたしは四番目の子だった。ママが邪慳な態度をとるたびに、わたしは、自分の誕生がいまもママに苦々しい記憶として残っているのを感じた。でも、子どもが十人いたら、そのうちの一人は打ち捨ててもいいのだろうか？　一人ぐらいは放り出してもいいというのだろうか？　たとえその子が難産だったとか、生むつもりがなかったとかいう事情があったとしても。一九六〇年代には、ひとが避妊について口にすることはまだほとんどなかった。わたしの父アルフレッドは、後年、「もし自分が欲望に歯止めをかけなかったら、あいつはもう十人子どもを生んでいただろう」と言ったものだ。父は美男で、リチャード・チェンバレン（アメリカの俳優。一九三五―）に少し似ていた。髪をたいへん短く切り、ほとんど丸刈りにして、身だしなみにはことのほか注意を払っていた。鉄道会社に交代制で勤めていたので、平日はめったに家にいなかった。いまから考えると、家で子どもたちや妻の存在に耐えているより、外にいるほうを好んでいたのだろう。父は、帰宅すると食事をしてすぐ床に就いた。わたしたちは、話すことも音をたてることも禁じられていた。もし、わたしたちが騒がしくしたせいで父がベッドから起きてきたら、とんでもないお仕置きを受ける。両親のどちらがより意地悪だったかは、はっきり言えない。わたしが覚えているのは、頭のうえを皿が飛び、壁がふるえる光景だけだ。

ママはどうやって、いつもあんなに幅を利かせることができたのだろう？　世の中にはどうして周囲の人間を意のままにできる人がいるのだろう？

パパとママがわたしに用を言いつけるときは、きまって「コゼット、こっちへ来い！」「コゼット、あれをやっておけ！」だった。わたしは『レ・ミゼラブル』のあの哀れな娘そのものだった。狭い台所でひとりきりの食事をし、家族との団欒《だんらん》はなかった。夜は、許しがでるまで寝かせてもらえなかった。日中、ママはわたしの仕事ぶりを見張っていて、たまたまわたしが何かひとつでも務めを忘れると、罰として、壁を向いて廊下に何時間も立ちっぱなしにさせるのだった。幾度か、一晩中そうして立っていたことがある。ママがわたしを忘れて寝入ってしまうからだ……。

わたしは女の子としてあまりきれいではなかった。まん丸の顔に沿って、硬い髪の毛がまっすぐ垂れていた。人目を引くのは、青緑色の目くらいのものだった。年齢とちぐはぐの大きすぎる服ばかり着ていて、節約の必要から、それを長もちさせなくてはならなかった。わたしには、いつも二重の圧迫がかかっていた。パパはわたしに対してママと同じ振る舞いかたはしなかったけれど、やはりひどい親で、けっして真実を知ろうとしなかった。パパがわたしを叩いたりどなりつけたりすると、ママは大喜びするのだ！　ママがわたしに加える罰は、めった打ちや、地下室送りや、幾晩もつづけて床の絨毯《じゅうたん》の上に寝かせることだった。わたしは毎日、掃き、磨き、洗い、お使いをしなければならなかった。ママはわたしが学校から帰るのを待ちかまえて、誰もやりたがらない嫌な仕事をさせた。不平をもらしたり、言うことを聞かなかったりすることは、けっして許されない。パパが仕事から帰ると、ママはよくわたしをなまけもの呼ばわりし、わたしがぶたれるように仕向けた。ママの話を聞けば、一日中家事をしていたのは彼女のほうで、わたしは何もしていないとパパが信じてしまうくらい、ママは平気で嘘を言った。

当時、わたしにいくらか愛情を示してくれたのは、メラニー叔母さんただ一人だった。叔母さんは、自分がよくしてやることがわたしの教育に悪いはずはないと確信していた。ママは逆に、叔母の庇護はわたしの聞き分けのない性格を強めるだけだと考えていたが、叔母と二人きりのとき、わたしにはそのやさしさが身にしみた。あらゆる子どもがあこがれる理想のお母さん、という感じだった。どんなことがあっても寛大で、愛情のこもった言葉を山ほど知っていて、その中から、わたしの苦しみに効く言葉を選んでくれるのだった。

わたしたちの家は町はずれにあった。地階には洗濯室と貯蔵用地下室と男の子用の部屋が、一階には台所とダイニングルームとふたつの寝室があった。ひとつは両親の、もうひとつは女の子用の寝室で、わたしたち三人の姉妹には一台のベッドしかあてがわれていなかった。わたしがベッドにもぐり込む余地はない。ダイニングルームの隅に長椅子があって、ママは良心に衝き動かされると、そこで眠る許可をくれた。わたしの兄弟姉妹は親をとても怖がっていて、家の中が荒れ模様になるとすぐに逃げ出してしまうのだった。

そういうわけで、わたしはヴィクトル・ユゴーの『レ・ミゼラブル』のヒロインの名をとって、コゼットとも呼ばれていたのだった。わたしはよく、自分をあの少女の生まれ変わりのように思った。それほど、わたしとあの少女には共通点がいっぱいあった。彼女みたいに、わたしはあらゆる嫌な仕事をし、家族の下女になっていた。かごの中にはいつも古い靴下が積まれ、それを繕うだけで自分の時間がなくなった。何かちょっとでもしくじると、たちまちお仕置きだった。学校から帰ると、わたしひとりに皿洗いが待ち受けている。姉たちには宿題とか出かける用とかがあったからだ。わたしは毎食、台所の片隅に置かれたちっちゃなテーブルでごはんを食べた。自分が食べる前に、みんなの食卓をすっかり整えなくてはならなかった。何ひとつ忘れずに、食卓の用意をするのがわたしの役目だった。塩、こしょう、薬味、ナプキン、そしてあってもなくてもいいような細かい品々。テーブルにはいつも木製の匙《さじ》が置かれていて、まちがいをするたびにその匙で叩かれた。

皿洗いを終えたある晩、ふつうならもう何もすることがないわたしは、床の上でうとうとしていた。すると、そのときまで爪にマニキュアを塗っていたママが、獲物に突進する豹のようにとつぜん飛びかかってきて、わたしを力まかせに殴りつけた。わけもわからずいきなり目を覚まされたわたしは、ママの不機嫌におびえて後ずさりした。ママの視線はわたしを刺し貫くようだった。思わず、両手を顔の前にかざして身を守ろうとしたが、意を決して見返した。するとママは乱暴にわたしの頰をひっぱたいて、言った。

「ちょっと、寝る以外にすることはないの？　繕い物が遅れてるじゃないの！　地下室へ行ってさっさと靴下を洗いなさい、そこにいると目ざわりなのよ！　ほんとにみっともない子！　パパが帰ったら、おまえが怠け者で困るって言うからね！」

わたしがわざと仕事をさぼって寝たと思っている！　怒りに息をつまらせたママは、もうものが言えなかった。わたしの襟首をつかんでぐいぐい引っぱり、乱暴に地下室へ放りこんだ。取り残されたわたしの耳に、鍵を二度回して戸を閉める音が聞こえ、やがて静かになった。脱走の望みのない囚人と同じだった。もうすぐ夜だ。暗くなるにつれて恐怖がつのり、からだが冷えてきた。心細さと寒さとで、わたしはふるえた。大きなたらいに浸けてある靴下を、全部洗わなければならない。この場所で夜を明かすのがいやだったら、素直に言うことをきくしかない。ママは絶え間なくわたしに憎悪の矛先《ほこさき》を向けた。猫に対してだって、わたしに対してよりはずっと思いやりを持っていた……。

ある日学校から帰ると、近所に聞こえるほどの大声で両親がどなりあっていた。わたしのことだ、と見当がついた。担任の先生がママに手紙を書いたのだ。授業で宿題が出たのだが、わたしはよく学校を休むのでぜんぜん答えが書けなかった。当然、悪い成績がつく。手紙と同時に侮辱を受け取ることになったママが、許してくれるはずはない。わたしは無力で、たったひとりで、限りなく無防備で、味方になってくれる人のあてもなかった。絶望でその場から動けず、呼吸は乱れ、しゃっくりが止まらない。10分ほどじっとしていると、少し落ち着いてきたので、ようやく家に入った。言いわけの暇も与えず、ママはわたしにつかみかかり、めちゃくちゃに折檻した。それから、パパの前でわたしの欠点をとめどなくあげつらった。

「あなたのでき損ないの娘を見てちょうだい。ひとの言うことを聞かない、一家の恥さらしよ。読み書きは満足にできないし、不細工だし、ずうずうしくてわがままで、何の取り柄もないんだから」

こんな悪態がいつまでも続いた。とうとう、かっとなったパパがズボンのベルトを抜いた。わたしは椅子の上で身を固くした。パパはわたしを自分の寝室まで引きずってゆき、足で扉を閉めた。わたしはベッドに放り投げられ、大きい手で頭を押さえられた。

「こういう面倒はもううんざりだ。おまえはぶたれたいらしいから、望みどおりにしてやる。これで思い知れば、おまえもおとなしくして、目をつけられるような真似をしなくなるだろう。悪い点数の罰として10回、今後ママの言うことを素直にきくように10回だ」

パパは腕を上げて、一本目の鞭《むち》をふり下ろした。想像もしなかったような痛さに、わたしはベッドから落ちそうになるほど飛び上がった。すぐに二本目が襲いかかり、背中で鈍い音をたてた。わたしはシーツにもぐって泣き叫んだ。つばが唇をつたって流れ出た。ものすごい速さで襲ってくるベルトの鞭をよける術はなかった。と、急に静かになった。パパは打つのをやめ、ベルトを締め直すと、冷たくこう言い捨てて、荒々しく部屋を出ていった。

「これでまだいい子にならなかったら、もう10回ふやすからな」

わたしの泣き声はほかの部屋部屋に響きわたり、なかなか止まなかった。それからわたしは、老婆のようにゆっくりとからだを動かし、ベッドのへりにつかまりながら立ち上がって、鏡の前に行った。肩から腿にかけて、紫色がかった深い線が、皮膚の上に何本もできていた。ところどころ、皮膚が裂けて血が出ていた。ベッドに戻ろうとした矢先、廊下に足音がして、ママがこわばった笑みを浮かべて入ってきた。

「今夜は洗濯室のマットレスで寝てもらうわ。さあ早く。今日はもうおまえの顔を見たくないの」

しばらくして、わたしはまた痛い目にあった。うちでは、食器棚から勝手に食べものをとってはいけないことになっている。それはよくわかっていた。でもときには空腹のあまり、何か食べたくてたまらなくなる。ママはいつも、キャンディや角砂糖や小銭を家具やテーブルの上の目につきやすい場所に出しっぱなしにして、わたしを誘惑し、罠にかけようとするのだった。手をだしたら、ふだん以上の仕打ちをうけるだろう。そして、起こるべきことが起こった。ある日、ものすごくお腹がすいていたとき、金色の包み紙に入ったチョコレートが目にとまった。だいぶ前からそこにあったし、ママも忘れているんだと思い、わたしはテーブルのかげに隠れてゆっくりチョコレートを味わった。すると突然、ママが大股に近づいてきた。今度はどんな目にあうのだろう？　ぶたれる罰ならもう毎日受けてるし、皿洗い、掃除、買いもの、庭の手入れ、みんなもうわたしがやっている。いったいママは何を考えだすのだろう？　恐ろしさで身動きできないまま、わたしは攻撃を待ち受けた。

「どろぼう！　食べものに無断で手をつけるなって言ってあるでしょ」

ママの顔は意地わるくゆがんで、言いわけなど受けつけそうにない。すごい勢いでつかまえようとするので、わたしは走って姉のベッドの下にもぐり込んだ。ママはぞっとするような声でどなった。

「そこから出るのよ。早く出なさいったら！」

わたしはベッド下のさらに奥へからだを引っこめたが、片足をつかまれて引きずりだされ、顔を思いきりひっぱたかれた。それからママは、床に落ちていたものを拾って、自分が疲れ果てるまでわたしをめくらめっぽう打ちのめした。子ども用の硬いプラスチックのシャベルだった。わたしのからだは何か所も皮膚が裂けた。チョコレート二、三個のために、ママはわたしを殺す寸前の目にあわせたのだ。全身が痛くて床の上で身をよじらせたまま、もうからだを動かす力もなく、石のようにじっと横たわっていた。ママは憎々しげにわたしを見おろして、言った。

「勝手につまみ食いなんかするからよ。泣かないほうが身のためよ、泣いたらまたお仕置きするから。さっさと地下室へ行って仕事をかたづけなさい！」

わたしは床に倒れたまま、彼女を見つめた。ママは不安そうだった。娘にしたことを誰かに気づかれはしないか、自分に疑いの目が向けられはしないか、という不安だ。わたしを痛めつけたことを後悔しているのでないことは確かだった。それを人に知られるのが心配なだけなのだ。全身あざだらけのわたしを射るように見据えて、彼女は言った。

「よその人には階段から落ちたっていうのよ。私にぶたれたなんていったら、この次はもっとひどいことになるからね」

翌日、かかりつけのお医者さんが来た。手首が倍の太さに腫れあがって、指が動かない。手当てを受けながら、わたしはやさしい同情のまなざしを感じた。この捻挫《ねんざ》の治療で数週間はギプスをはめていなければならない、と彼は診断した。わたしが手を動かせなくなると聞いて、ママは不満をあらわにした。お医者さんはこうなる前にわたしを助けられなかったことに胸を痛め、ママが席をはずしたとき、自分が何とかする、と言ってくれた。それからママに、こんなことがいつまでも続いてはならない、この子のけがと青あざが何によるものかはわかっている、と真剣な表情で言った。

ママはいつもわたしのことを、からだも髪も汚い子だと言っていた。それであるとき、わたしの身づくろいを決意した。やるとなったらママは徹底的だった。裸になってふるえているわたしを浴室で待たせたまま、垢を落とすためだと言って、煮え立った湯を用意した。なかなか湯に入れないでいると、ママはわたしを浴槽に追い立て、マッサージ用の手袋をとってわたしをこすりはじめた。あまりの勢いにからだが真っ赤になってくる。もうやめて、と頼むわたしの泣き顔を満足げに見やりながら、今度はシャンプーをとってわたしの髪を力いっぱい洗った。泡が目に入り、思わずうめき声を上げると、往復びんたが飛んだ。冷たい水で洗い流され、息ができないでいるところを、お湯から引きずり出された。わたしは、ママの意のままに手足をばたつかせる操り人形だった。全身がぶるぶるふるえて、しっかり立っていられず、気を失いそうになった。すると、意識を取り戻させるという口実で、またしても平手打ちを見舞われた。わたしに向かって怒りを爆発させるのに、ママはきっかけなど必要としない。わたしが目に入るだけでじゅうぶんなのだ。ときどきわたしは姉たちと同じ部屋で眠ったのだが、彼女たちの服は、よく床に散らばっていた。ママは部屋に入るなりわたしに襲いかかってくる。耳をつかまえられたわたしが「それはわたしのじゃないわ。わたしの服は椅子の上にちゃんと置いてあるもの」と言うのもかまわず、自分の腕が疲れるまで続けざまにぶつ。真っ赤な顔で、最後にもう一度平手打ちをして、こう言いながら部屋を出ていくのだった。

「今度はこの部屋をかたづけてもらうからね」

ママを見送りながら、どうしてわたしばかりにつらく当たるのか、不思議に思わずにいられなかった。底の知れない悲しみが押し寄せてきた。あまりにも不幸で、ときおりこの家から逃げ出したくなった。

歳月は無情に流れてゆき、わたしにつらい出来事ばかり運んできた。たとえばあの日、ママは、鞄の中味をぜんぶテーブルの上にあけるように命令した——彼女は、わたしの不注意の現場をたえず押さえようとして、あきれるほどあら捜しをするのだ。わたしのノートには、勝手に紙を引きちぎらないようにと、一枚一枚ページが記入されていた。筆記用具にはペンを使っていたので、わたしは清書の宿題のページに、小さなインクのしみを二つつくっていた。ママはわたしの髪をつかみ、壁に突きとばした。

「だらしないわね、いつまでその調子なの？　おまえみたいのを人間のくずっていうのよ。なに、このノートの使い方は。それに、筆箱に鉛筆削りが入ってないけど、どこへやったの？」

　学校に置いてある、といくら説明しても、ママはどなりながらまたわたしをぶちはじめる。よけようとしたけれど、ママは敏感なところをねらって、容赦なくぶってきた。目は怒りに燃えている。わたしは両手で肩をつかまれ、頭を鞄に押し込まれた。逃げようともがいたが、ママのほうが力が強かった。

「持ち物は全部この鞄の中に入れておくの。ひとつでも教室に置きっぱなしにしてはだめ。いい？　ノートのしみは、どんなに小さくても許さないわよ。三日かかってもいいから、最初から写し直して私に見せなさい」

わたしは顔に新しいノートを投げつけられ、背中をどんと突かれて椅子に座らされた。

「そこにじっとしてるのよ。もし動いたら、一週間すわれなくなるまでお尻をたたくからね」

やり場のないくやしい気持で、わたしはペンをとって仕事にかかった。そのうち涙がこぼれてきて、紙の上ににじんだ。ママに見つからないようにするにはどうしたらいいだろう。このままではまたぶたれる。わたしはできるだけ音をたてないように、戸棚から別のを一冊取りだし――ママは予備のノートの束をいつもしまっていたのだ――、汚したノートは罐詰の列の後ろに隠した。ママが出かけたあとで、捨てることにしよう。夜中まで、ひたすらノートを書き写しつづけた。何も食べないまま、最後には疲れきって机の隅で眠りこんだ。わが家の女主人は、もうおやすみ、とは言ってくれなかったのだ。わたしには、元気づけてくれる人も、手を貸してくれる人も全然いなかった。兄弟たちはみんな臆病で、母親に刃向かうどころか、意識してわたしを避けていた。わたしたちの家で何が起こっているか、周囲の人は誰も見抜けなかった。それほど、ママは「よくできた母親」をじょうずに演じていた。

いつかはこの悪夢に終わりが来るだろうか？

わたしはいまでも、母からあれほど嫌われ、憎まれた理由が知りたくてならない。

第三章

一九五九年四月

ありがたいことに、ひとりの女性がわたしをこの地獄から助けだしに来た。ある朝、呼鈴がなり、そのひとがママと話をしたいと言った。

「こんにちは。私はこの地区でソーシャルワーカーをしているラングロワです。あなたと二人だけでお話しできますか」

「連絡した覚えはありませんが……。どんなご用ですか。なぜわざわざうちにいらしたのです？」

「少年裁判所の命令で来ました。お宅のかかりつけの医師が、ジョジアーヌさんの健康状態に関する報告書を裁判所あてに送り、娘さんを安全で教育的な環境に預け入れる決定が下されたのです。その件で、いますぐ話し合いたいのです」

「えっ、それはいったい何の話です？　娘をよそへ預けるなんてとんでもない」

怒りに紅潮した顔で、ママはみんなを台所から追い出した。けれども、あんまり声が大きいので、その言葉は残らずわたしたちの耳に届いた。ソーシャルワーカーが出ていったら自分は殺される、そんな気がしたほど、ママの怒り方はすさまじかった。

「何ですって？　冗談でしょう！　うちの子は健康そのものだし、私にはいろいろ仕事があるから、あの子に手伝ってもらわないと困るんです」

「お手伝いはほかのお子さんたちにもできるでしょう。ジョジアーヌさんは学校をお休みすることが多くて、どうも心配です。また、学校内で調査をしたところ、医師の訴えが裏づけられました。打撲の跡があり、からだの動きにも障害が見られるそうです。どうしてあの娘さんばかりを攻撃の的になさるんですか。まだ幼くて、力もないのに、衰弱してしまっていますよ」

「攻撃の的になんかしてません。ただ、じっとしていない子で、言うことをきかせるにはお仕置きが必要なんです。私が背を向けると、すぐ悪さをしでかすんです。目が離せないんですよ」

「だからこそ奥さん、私はこの問題の解決策を知らせにうかがったのです。私どもはジョジアーヌさんを女の子の学校に預け、そこで経過を見守ってもらい、同時に勉強と生活の面倒をみてもらいます。あなたには面会が許されます。娘さんの行動と健康状態に回復がみられしだい、二週間に一度帰宅できるようになるでしょう」

「だめです！　そんなこと承知できません。あの子はこの家で家事を手伝いながら、生活の場で人生を学ぶのです。遊ばせるために子どもを産む母親がどこにいるでしょう？　まだ七歳にしかならない子を、外へやりたくはありません。あの子には家庭が必要だし、私もあの子がいてくれないと困るんです。嘘つきでずるい子だけど、それでも自分の子どもですし、私は私のやりかたで愛しています」

「お気の毒ですが、選択の余地はありません。少年裁判所の承認が下りているのです。私の仕事は、法的手続きを実行に移すお手伝いをすることです。ジョジアーヌさんは一か月以内に施設に引き取られることになります。よろしければ、細かい事柄と、受け入れ先の住所について、いまからお話しいたします」

ママと女のひとが長い間話し合っていると、急にパパが入ってきた。怒っていると見当がついたけれど、パパは話に加わらず、庭に出ていった。女のひとが帰ると、パパとママは突然言い争いをはじめ、しばらくしてまた静かになった。わたしは怖かった。とても怖かった。ママが叫んだ。

「いまいましい！　いったいこれから誰が家事をやるの？　しわよせは全部私にくるじゃない」

それだけを、ママは恐れていたのだ。もうわたしに雑用をさせられない、ということだけを。パパは「もしかすると、これで少し静かに暮らせるかもな」と言ったきりだった。わたしがいなくなれば、わたしがやっていた仕事をすべて引き受けなければならないことが、ママにはわかりすぎるほどわかっていた。それで毎日、「施設なんか入ったら人生台無しになるわよ。そうに決まってるわ」と言うようになった。そして、自分では気のきいたせりふのつもりで、わたしにひどい言葉を投げつけた。「かわいそうに。おまえはブスになるから覚悟しておかないとね」とか「消えてしまえばいいんだ、この出来損ない」とか「聞いてる、薄汚いの？　さっさと台所を掃除して」というような。おまけに、いつもかまどのそばに吊るしてある鞭のほうへ腕を伸ばし、わたしがこう訴えるのを聞いて楽しむのだ。

「お願い、ちゃんと仕事するからもうぶたないで」

それでもやっぱり、ママは鞭を下ろしてわたしの足をぶつ。わたしはテーブルの下で、恐怖のあまりからだを丸くするけれど、いつもひとつかふたつ、当たってしまうのだった。パパはこういう騒ぎにうんざりしていた。家の中ではパパは力が弱く、何でもママの言うとおりにしていた。わたしがいなくなればこの家はもっと静かになる、と考えていたのだろう。ときおりパパの目は悲しみに曇った。まるで、妻から強いられて仕方なくわたしを手荒に扱っているかのように。ママは毎日、わたしをあの手この手で苦しめた。母親に思いやりを抱く可能性はあったのに、ママはわたしが持っていた善良さの芽をすっかり摘んでしまった。わたしの中には、同じ年齢の子どもがけっして経験するはずのない、暗い秘密や漠然とした苦痛が仕舞い込まれていた。子どもとしての喜びをあまりに長く奪われていたので、もう何も期待していなかった。じきに家を出ることになると知ったとき、これでママから憎しみを向けられることもなくなると思って、うれしくなった。

数日後、両親あてに郵便が届いた。そこには、八月十五日、ストラスブールの女子寄宿学校にわたしを連れてくるように、とあった……。

ふだんの日と同じようにうら寂しく、出発の日が訪れた。ママが荒々しく部屋に入ってきて、しばらく前から目を覚ましていたわたしを流しのほうへ引きずっていった。ママは冷たい水で、勢いよくわたしの顔と手とからだ全体を洗いにかかった。それからわたしに衣類の包みを投げて、もうすぐ列車の時間だから急ぐようにと言った。牢獄にただ一人閉じ込められたような生活のなかで、わたしはよく自由を夢みたが、これまでは恐怖と暴力の歳月しか見いだしたことがなかった。それは、母の権限という見せかけの下にふるわれる、いまわしい暴力だった。裏表のあるママの態度にさんざん泣かされてきたわたしは、両親との生活から解放される喜びを感じながら、黙って言うことをきいた。古いグレーのセーターに腕を通し、コールテンの黒いズボンと、すりへったエナメル靴をはいた。パンとコーヒーをあわただしくお腹に入れると、もう出発の時間だった。見送ってくれる家族はひとりもいない。みんなまだ寝ているか、そのふりをしている。別にめずらしいことじゃない。近所に住むおじさんが駅までわたしたちに付き添い、荷物をホームまで運んでくれた。そしてママにあいさつし、わたしの額にキスして、やさしく言った。

「がんばれよ、おちびさん！　いずれわかるだろうが、人生は山あり谷ありだ。でも、おまえさんは強いから、きっと乗りこえられるさ。いつかまた会おうな」

早朝だったので、誰もいないコンパートメントにすわることができた。わたしはママと口をきくよりも、窓際の席から外をながめて過ごした。目の前を流れてゆく田園風景のなかには、収穫作業をする農夫や、こちらに向かって大きく手をふる子どもたちがいた。野原がどこまでも広がり、遠くを走る自動車はミニチュアのおもちゃのようだった。曇った空から、ときおり薄日が大地に射した。途中いくつも駅にとまったのに、列車の振動に揺られて、心地よい気だるさに目が閉じてしまう。自分の悲しい境遇のことが少しずつ頭を離れ、ちょっとうとうとした。駅にとまるたびに、乗り降りする人々の陽気なざわめきが聞こえた。雑誌を読んでいたママが、しばらくしてわたしに口をきいた。

「荷物をまとめなさい！　次の駅で降りるから。寄宿学校まで車で乗せていってくれる人が改札に迎えにくるのよ。さあ早く！　その人を待たせちゃ悪いでしょ」

愛情の素振りだけでも得ようとすることに疲れ果て、わたしはずっと前から期待を捨てていた。わたしがママや家族と今でもつながっている、と思わせてくれるような言葉や仕草は、ついにもらうことができなかった。線のある帽子をかぶった中年の運転手が、わたしの少ない荷物に手をかけながら、ついてくるように促した。乗り込むとすぐに車は動きだし、目的地までの一〇キロほどの距離を進みはじめた。運転手はわたしたちには無関心に、中心街を通過し、いくつもの通りを抜け、なお少し走ってから並木道に入った。やがて、飾り釘を打ったアーチ形の重そうな門に突き当たったが、その門に掲げられた板にはこうあった。

女子カトリック教徒のための寄宿学校

あたりはとても高い塀に囲まれ、敷地の外の家並みや木々や人々の生活を見ることはできなかった。車はさらにしばらく進み、巨大な建物の前で止まった。建築物はみな古かった。灰色にくすみ、長い歳月で色あせている。運転手がトランクからわたしの鞄を降ろす間、わたしはどきどきしながら、後ろの座席に小さくなって待っていた。この校舎の敷居をまたいでしまえば自分の生活は一変する、と覚悟はしていた。しかし自分を待ち受けている試練をはっきり意識したのは、学校の中に入った瞬間だった。もうすぐママはわたしをひとり残して帰ってゆく。わたしは見知らぬ街で、不慣れな新しい生活に身をさらさなければならない。正面入口の、すりへって手すりも錆びている階段を上って、わたしたちは中に入った。わたしたちを迎えたのは、とっつきにくい表情をした、全身黒ずくめの小柄な修道女だった。彼女は、厚いレンズの眼鏡ごしにわたしを見て、訊いた。

「名前は何ていうの？」

「ジョジアーヌです」とわたしは答えた。

ママとわたしは、修道女の後について、蠟燭《ろうそく》の匂いが漂う暗くて狭い廊下を進んだ。やがて、色模様のリノリウムを敷いた大きな部屋に入った。この面会室には、木の椅子が五脚と、灰色のビロード張りのソファーが三つ、そしてオーク材のどっしりした円卓しかなかった。常夜灯の弱々しい光が、大きい声で話せない雰囲気を醸しだしている。校長らしい女のひとは別の家族と話している最中だった。順番を待つ間わたしはそのひとをじっと見つめていた。地味でとっつきにくい感じで、黒い服と頭のかぶり物を見ると、それ以上知りたいという気にならなかった。校長はやっとこちらに来て自己紹介し、学校のきまりや生活習慣について話をした。それから、さきほどの夫婦連れに校舎を見ていくようにすすめた。心細い気持ちでついていくわたしたちをよそに、彼らは庭や菜園や礼拝堂の前で感心して足をとめながら、話に興じていた。見学は、厨房、教室、医務室といったさまざまな区画に及んだ。わたしは疲れてきて、列の最後尾を黙って歩きながら、早く終わりにしてほしいと思った。ママとわたしが面会室に戻ったとき、夫婦連れはもう帰るところだった。数分後、わたしは窓辺に立って、門の向こうへ消えてゆくママの姿を見た。風がカーテンをそっとふくらませ、再び静かになった部屋が急にがらんとして見えた。涙がこみあげてきた。わたしと家族を結びつけていた感情的なつながりが、一瞬のうちに切れた気がした。わたしは気を取り直して校長の前にすわった。校長は言った。

「あなたの面倒はマリ＝ジョゼにみてもらいます。今後、あなたは担任教師である彼女の指導のもとにおかれます。いまから彼女と一緒に共同寝室へ行き、休息をおとりなさい。ではまた明日！」

「さようなら、マダム」

「いいですか、修道女に話しかけるときは『シスター』と言わなければいけません」

やがて、栗色の長い髪と緑色の目をした、愛想のよい若い女のひとがやってきた。きれいで上品なそのひとが言った。

「こんにちは！　ついてらっしゃい、ベッドに案内するから。わたし、あなたの担任のマリ＝ジョゼよ。疲れてるでしょう、明日またゆっくり話しましょうね」

くたびれ果てていたわたしは頭が枕につくかつかないかのうちに眠り込み、ほかの子たちが床に就くのさえ気づかなかった。この一日目の真夜中、かすかな物音で目がさめた。自分がどこにいるのかまったくわからなかった。部屋をぐるりと見回すと、それぞれの仕切りにベッドが嵌め込まれている。前日のことが記憶によみがえってきた。少女がひとり、ドアのほうへ向かい、しばらくすると帰ってきて、静かにベッドに戻った。満月の穏やかな光が窓から射しこんでいる。十二人ほどの子どもたちが仰向けに横たわり、目を閉じて、静かな寝息をたてている。と、隣の女の子が寝返りをうった。眠ったまま息をきらし、何か呻いていた。境遇が変わったことを、わたしは喜んでいいのだろうか。これから未知の世界に入ってゆくのだと思うと、不安でたまらなくなった。いろいろな思いが頭の中に渦巻いて、何度もからだの向きを変えた。明日もまた、たくさんのことがあるのだろう。じっとしていられなくなって、みんなが寝ているのを確かめてから、そっと起き上がった。そして、ベッドの足元の椅子からズボンを引き寄せた。家を出るとき、ほのかに香水の匂いのする、端切れでつくったちっちゃな人形を、ポケットの中に隠しておいたのだ。メラニー叔母さんがくれたものだった。わたしは心をこめて人形をなで、胸に強く抱きしめてもう一度横になった。自分の夢のかけらを手放すまいとするかのように……。朝までの時間がゆっくりと流れた。六時に、シスターのひとりが起床の鐘を鳴らした。隣のベッドの子が、わたしを揺り起こした。

「早く起きて！　朝食までたった三十分しかないのよ。ついてきて。シャワーを浴びに行きましょう」

　少女たちは、黙ってシャワー室に向かった。廊下ではおしゃべり禁止なのだ。洗面所には、大きな水道管に蛇口が十二とりつけてある。からだを洗い終えると、わたしは前日学校へ来るとき着てきた服をまた身につけた。残りの服は、名前を入れてもらうため全部洗濯場に置いてあった。寝室に戻ったわたしたちは持ち物をまとめ、ベッドを整えた。そのあとは朝の礼拝だった。毎朝、一日の活動を始めるまえに、主がわたしたちの魂を罪から守ってくださるよう、お祈りすることになっている。礼拝堂はまぶしいくらい白かった。入るとまずひざまずき、十字を切り、立ち上がって、黙想するのがきまりだった。寄宿生たちが揃うと、全員の口から同時にお祈りの文句が唱えられる。その言葉を理解しようとするかわりに、わたしは両の手のひらに顔をつけて、いま自分の生活に起こっている変化のひとつひとつをよく考えてみた。礼拝堂を出たところで担任の先生に呼ばれ、先生の部屋に入った。マリ＝ジョゼは、長い髪を首の後ろで束ねていた。赤いスカートに、幅の広い金色のベルトを締めていた。白いセーターのせいで、日焼けした肌がいっそう引き立ってみえる。何もかもがあまりに新しく、あまりにたてつづけに起こるので、わたしはもう疲れていた。先生の部屋は設備が整っているばかりでなく、こういう学校には想像できない演出がしてあった。コーナーの飾り棚に置かれた観葉植物が、野の匂いのする黒い土を盛った、ふくらみのある素焼きの植木鉢から葉を伸ばしている。彩りゆたかな絨毯の上には、机と、革張りのソファーがふたつ置かれ、いかめしい雰囲気を和らげていた。先生の声がして、我にかえった。

「ジョジアーヌ、あなたは勉強がずいぶん遅れてるようね。がんばって、補習も受けて、みんなに追いつかないといけないわ」

「はい、先生！」

「明日からさっそく取りかかりましょう。きょうはこれから、学校生活の中でなすべき仕事、守るべき義務についてお話しします」

先生の話は一時間以上つづいたが、わたしには理解しきれなかった。していいことと悪いこととの区別が、だんだんこんがらかってきた。話がすむと、先生はこう言ってわたしを下がらせた。

「よく勉強する朗らかな女の子になってね。はじめの何か月かは年少組に入って、どのくらい勉強ができるか見させてちょうだい。それから、まんなかの組に移ってもらうわ。何年かして、あなたがまだこの学校にいたら、年長組に進級よ」

わたしは一生この学校にいるつもりはなかった。どの組に所属するかは、年齢と学力で決められていた。わたしは、これから生活をともにする女の子たちの間に入っていったが、彼女たちが向けてくる好奇の目や哀れみのまなざしが気づまりで、手を動かすことも口をきくこともできなかった。マリ＝ジョゼの話から判断すると、ここから逃げ出そうとしてもすぐつかまるし、そんな考えは持つだけ無駄なように思えた。ずる休みを防ぐため、わたしたちは毎日朝と午後の二回人数を数えられ、出席簿のます目に、朝は縦の線、午後は横の線で印をつけられる。その場にいないと厳しく罰せられるということだ。教室へ行く時間になった。これでしばらくは、クラスメートの好奇心から解放される。

わたしの教室は建物の左袖にあった。どの教室も同じつくりで、壁に地図が貼ってあり、本棚に本が載っている。後ろの壁に幅の広い板がわたしてあって、コート掛けが並んでいる。教壇の上には、壁一面を占領するように大きい黒板がある。わたしはいちばん後ろの席についた。生徒の机は三列に配置されている。教卓の横にあっていやでも目につくのが大型のストーブで、そこから煙突がジグザグに伸び、壁を突き抜けて庭に出ていた。オーク材の机に彫られている絵や文字は、前にここで過ごした子どもたちが残したものだろう。机の手前を持ち上げると、各自の本やノートを入れるスペースがある。青いインクの入ったガラスのインク壺が、机の右上の穴に立ててある。うっかりペン軸の木の柄をかんだりすると、先生に叱られることになる。ノートの用意はできた。先生のマリー修道女は「かきかた」のページの単語を赤いチョークで、一字一字ていねいに書き写してゆく。補助線をうまく使って、赤い線とその上の黒い線との間に、文字の形を正確に描いてゆく。この先生は完璧な筆記体で書くことを何より大切だと考えていた。わたしはぼんやりして、授業が全然頭に入らなかった。とりとめのない思いばかりが次から次へと浮かぶ。わたしは数えきれないほどの新しいできごとに飲み込まれている。算数の授業はよくわからず、書き取りは綴《つづ》りのまちがいでいっぱいだった。長い午前が過ぎ、お昼が近づいた。いよいよ周りの子たちに立ち向かうのだ。わたしの到着後はじめて、校則で押しつけられていた沈黙が破られることになる。きっと食堂じゅうの注目の的になるだろう。気持ちが落ち着かない。終業の鐘が鳴った。先生がぱんと手をたたき、わたしたちは一列横隊に並んだ。そして静かに食堂に入った。これからずっと食事をとることになる場所が、目の前にあった。大きい部屋に、高さ一メートルほどの衝立《ついたて》がいくつも立てられ、それぞれの組を隔てている。奥の、ドアのないひとまわり大きい一角は、職員専用だった。うす黄色い壁にはほんものの絵が何枚かかかっていたが、昔の寮生の作品かもしれない。テーブルは四人掛けで、木製だった。生徒監督が、わたしをはじめ新入生全員を離れたテーブルに案内した。まるで珍しい動物でも見るように、ほかの子たちがこっちを見つめている。賄《まかな》い婦が数人、テーブルの間を通って給仕していた。校長のオルタンス修道女が、わたしたちにとって初めての食事に加わった。その大きい黒服は形がはっきりしていなくて、なんだか袋を裁ってつくったみたいだった。髪を覆っている黒いヴェールが、腰のあたりまで垂れている。シスターたちがこんなものをかぶってるのは、頭に羽でも生えてるからかしら、と考えてしまった。校長先生は、ほかの子たちの注意を引かないよう、柔らかい声で静かに話した。

「ここで朝食、昼食、夕食をとります。お腹がすいてない人や、出されたものが好きでない人は、次の食事まで何も食べられません。主がわたしたちの食卓を祝福してくださるよう、食べる前にお祈りをします」

話に聞き入りながら、みんな黙って食べた。わたしはほうれん草と、その下に隠れている卵をたいらげた。食欲もないのに食べたのは、これ以外のメニューがないと知っていたからだ。校長先生はわたしたちを順々に見て、自分の話が通じているかどうか確かめた。

「みなさんに届く郵便は、毎日お昼のデザートのあと配ります。食卓で手紙を読んではいけませんが、自習室で過ごす時間が三十分ありますから、そのときに読んだり、返事を書いたりしてください」

わたしたちに手渡される前に、教師が郵便物に目を通すことも知らされた。わたしたちには秘密も隠し事も許されていないのだ。食堂の出入り口の壁には、その週の仕事当番の表と、校則を守らなかった子たちへの処罰の掲示が貼ってあった。前日着いたばかりのわたしの名はもちろんないけれど、シスターたちが校則について言っていたことは、おどしではなかったのだ。校長先生は、時間割のこと、読書のこと、友達づきあいのことも話した。午後一時ごろ食事が終わり、手紙が配られた。わたしたちは一列に並んで自習室に移り、それから自由時間になった。午後の授業が始まるまで、三十分ぐらいあった。ほかの子たちが、わたしたち新入生の周りに集まってきた。

「新入生？」と、金髪を三つ編みにした目の青い子が話しかけてきた。「名前は？」

「ジョジアーヌ」

わたしよりもからだが大きくて、鼻の形がいたずらっぽい、丸顔の子が言った。

「いったいどうしてここへ来ることになったの？」

「ママに憎まれてるのよ。それで家から放りだされたの。毎日のようにママの不機嫌と衝突してたわ。あんな人だいっきらい！　あなたは、どうしてここに？」

彼女は悲しげにわたしを見て、答えた。

「わたし、親がいないの。パパもママも、小さいとき交通事故で死んじゃった。親戚の中にわたしを引き取ろうという人もいなかった。それで当分ここにいることになると思うんだけど、きっとあなたもそうね」

そして隣にいる、からかうような目をした赤い巻き毛の子を指さして、付け加えた。

「カトリーヌを紹介するわ。この子とはくれぐれも仲よくしておいたほうがいいわよ。敵に回すと大変なんだから」

何よりもまず、わたしはここにいる子たちと友だちになろうと思った。そしてその中から、心おきなく話ができて、喜びも苦しみもぜんぶ打ち明けられる本当の友人をひとりつくりたかった。わたしは自由時間を利用して、あたりを注意深く調べてみた。ならんだ大木が空に向かってまっすぐ伸びている。手入れの行き届いた庭園が、建物をぐるりと取り巻いている。教室の窓は囲いの壁に面していた。クラスメートが何人かやってきて、一緒になった。みんなでお喋りしながら、ぶらぶらと歩いた。やがて、昼休みの終わりを告げる鐘が鳴った。午後の授業は算数と正書法だった。時間が長く単調に思われた。運よくこの日は、先生に当てられずにすんだ。おかげで、授業の内容を落ち着いて考えることができた。四時少し前、校長のオルタンス修道女が、何の前ぶれもなくわたしたちの様子を見にきた。校長が教室に入ると同時にわたしたちは起立し、椅子の横で黙って気をつけの姿勢をしたまま、着席の許可が出るのを待った。しばらくしてわかったのだが、彼女はわたしたちの規則違反を見つけるのが好きで、教室に限らず、不意に現われては生徒を叱ったり厳しい罰を加えたりするのだった。両腕をふりながら勢いよく廊下を歩きまわり、音のしない革靴で教室にそっと入って、巧みにわたしたちを探るのだった。目には深みがあり、瞳の色は黒に近い褐色だった。笑顔を見せることはめったにない。怒ると校舎のロビーに声が響きわたり、ドアを乱暴に閉める音が壁をふるわせた。岩のように頑固で厳しい人で、校長が近づいてくるとみな怖くて口がきけなくなった。罰せられた者はたくさんいたが、励ましの言葉をかけられた者はひとりもいないようだった。わたしたちの中でひるむことなく校長の目を見返せるのは、とくに大胆な子たちだけだった。でも、このオルタンス修道女が悪い人だったとは言えない。風紀の乱れを防ぐには、生徒になれなれしくさせないほうが都合がいいと考えていたのだろう。

第四章

一九六〇年十月

いつも早い時間に夕食をとらされるので、ある晩わたしは空腹を静めるアイデアを思いついた。そんな企ては失敗するにきまっている、と気づくべきだったのだが……。いったん寝室に引きあげてから、カトリーヌと一緒に果樹園へ降りてゆき、果物をもいで、同室のみんなに配るという考えだ。その日の夕食はとりわけまずかったし、お腹がすいたままではとても眠れそうになかった。わたしとカトリーヌは、シスター全員が週一度の集会で食堂に集まる時間を選んで、行動を開始した。

寝室の窓から、ほかの少女たちが、わたしたちのゆっくりした動きを見守っていた。音をたてないよう気をつけながら、歩幅をいっぱいに広げて歩き、赤く熟しているきれいな林檎《りんご》をもいだ。最初の緊張が過ぎてしまうと急に大胆になり、色艶《いろつや》のいいのやふっくらしたのばかり次々ともいでいった。林檎泥棒をしおえると、わたしとカトリーヌはそっと寝室に戻った。ところが、敷居をまたごうとした途端にふたりとも肩をつかまれ、手荒く食堂のほうへ引きずっていかれた。顔が紅潮するのがわかった。学校中のシスターが、ショックを隠せない様子でこちらを見ている。わたしたちは、盗んだものを膝の上にのせたまま、ならんで椅子にすわらされた。シスターたちは話しあいに戻り、もうこちらに注意を向けなかった。恥ずかしかった。集会が終わると、椅子のきしむ音がして、静かに泣きじゃくっているわたしたちをシスターたちが弧を描くように取り巻いた。泣いても通用しなかった。シスターたちは、犯罪者を見るような目でわたしたちを見据えていた。庭に出たことにどうして気づかれたのか、いまもってわからない。

校長先生がおもむろに口をきった。

「あなたがたがどんな動機でこの許しがたい行為をしたのかは、聞く必要がありません。とにかく、あなたがたは自分の犯した行動と同じ重さの罰を受けるのです」

シスターたちが顔を見合わせた。校長はつづけた。

「このあさましい行為の罰として、一週間、懲罰室に入ってもらいます。食事は、パンの耳とスープが一日一回出ます。静かな場所でじっくり反省し、主に許しを乞いなさい。そのあと一か月は外出禁止です。かわりに中庭の紙屑を拾い、毎日一節ずつ聖書を書き写し、礼拝堂の手入れに従事してもらいます」

「あなたがたのような泥棒を寛大に扱うわけにはいきません。この罰が身にしみるように、手紙も小包もこちらで預かっておきます。今学期が終わるまで食事は厨房でとって、炊事を手伝いなさい」と、別の修道女が言った。カトリーヌとわたしは思わず顔を見合わせたが、これが不真面目ととられた。

「まだ罰が甘すぎるようだから、あなたがたをそれぞれ別の部屋へ、離して入れることにしましょう。そうすればもう、よからぬ計画を二人で練ることもないでしょう。林檎は、日曜日にデザートとして配ります。みんなそのときにあなたがたが何をしたか、その冒険がどんな結果に終わったかを聞かされるでしょう。クラス全体にとって、良い教訓になるはずです」

そのあと、シスターたちはこちらをこわい目で睨《にら》みながら、次々と立ち上がった。わたしたちにはトイレに行く暇も与えられなかった。ひとりの修道女がわたしたちを建物のてっぺんに連れていき、別々の部屋に放りこんだ。不気味な音をたててドアが閉まると、真っ暗な中にひとりきりになった。電気のスイッチはどこにもなく、すわる場所を探しても、床の上にあるのはマットレスと毛布と枕だけ。どれも古そうで、こもった匂いがする。あとは、隅に室内用便器があるきりだった。部屋の中は恐ろしいくらいしんとしていた。何の音もしない。まっくらで何も見えない。神様からも人間からも見捨てられたみたいだ。寒気がし、気力がすっかりなくなっている。こんな部屋にひとり閉じ込められるなんて耐えがたいけれど、どうすることもできない。カトリーヌも同じ怖さを味わっているにちがいない。わたしは寝床の上にじっとすわったまま、もしかすると誰かやってきてここから出してくれるのではないか、これはただ怖がらせるのが目的ではないか、と考えた。でも、誰も来てはくれなかった。

ひどく疲れているうえに、誰とも連絡をとれない恐ろしい孤独にさいなまれて、突然のどが締めつけられた。お腹がすき、上半身を起こしていることさえできなくなって、マットレスの上で泣きくずれた。朝、明け方の淡い光が、格子をはめた小さな天窓から射してきた。天窓はとても高いところにあって、外の景色はもちろん、太陽さえ見ることができない。太陽はいままでと同じ姿でちゃんとあるのだろうか。何ていたたまれない静けさだろう！　泣いても叫んでも、人の来る気配はなかった。これでは、わたしに何かあっても、誰にも気づいてもらえない。数週間前からもう悪夢をみなくなっていたのに、子どものような恐怖がまた襲ってきた。この罰はあんまりだ……。わたしたちが盗みを働いたのは、自分とみんなの空腹を癒すという、ただそれだけのためだったのだ。無表情なシスターがスープとパンを持ってきたとき、日が傾きかけているのがわかった。もう夕方だった！わたしは食べなかった。シスターはわたしの顔をじっと見つめ、厳かな声で言った。

「ジョジアーヌ、食べなければ罪が軽くなると思っているなら、それは間違いですよ。反対に、食事を一回無駄にするたびに、一日多くここに残ることになるのです」

たったそれだけ言うと、シスターは出てゆき、ドアに鍵をかけた。食事！　こんなものが！　冷めたスープとパンきれだけじゃないか。涙で目をかすませながら、わたしはのろのろと食べた。あとで思い出してみると、早くこの懲罰室から出られるようにお祈りさえした気がする。一日一回シスターがやってきて、黙って便器をからにし、再び鍵をかけて去っていった。何日かが悲しく憂鬱に過ぎた。今度のことをよく考えてみて、もう絶対にこんな罰を受けないようにしようと決心した。ときおり、ドアの向こうで、足音や水道の音が聞こえたけれど、この牢屋のような場所でどれほどの時間がたったのか、見当がつかなかった。気持ちが安定せず、とぎれとぎれに眠ったり目覚めたりした。

ついにドアが開いて自由になったとき、わたしは嬉しさと同時に不安も感じた。みんなの憐れみのまなざしに耐えなければならないし、ほかの罰がまだ残っていた。閉じ込められている間、カトリーヌとは話す機会がなかった。彼女もわたしに劣らず、孤独と暗がりの恐怖とに参っていた。ほんとうに、薄気味わるい場所だった！　その週の土曜日、わたしとカトリーヌは校舎のまわりのごみ拾いをした。ずいぶん時間のかかる作業だったけれど、また太陽の下に出られたことが嬉しくて、罰のつづきであることも忘れて仕事に励んだ。日の暖かさを背中に感じるのは何てすばらしいのかしら！　この日、わたしはたっぷり二籠《かご》分のごみを拾い集めた。勉強のほうも追いつかなくてはならなかった。十時の休み時間に、ソフィー、ジュリー、カミーユの三人が様子を訊きにきた。

「今日はどんなことをしたの？　教科書を読む時間はあった？」

わたしは、懲罰室に入れられていたことは話さなかった。そこでみた悪夢や、襲われた不安のことも。あの出来事によって、わたしとカトリーヌはみんなの共感を得る結果になった。失敗したとはいえ、わたしたちが林檎を盗みに庭に出たのは、みんなの空腹を救うためだったから……。

自分が、家庭の中で幸せに成長してゆく一般の女の子たちと同じでないという悲しみは、時とともに消えていった。この泥棒事件のような試練を通じてわたしは大人になり、とくに、生きる知恵を身につけていった。学校が好きになり、新しい友だちができた。そんなふうにして、ここでの生活がつづいてゆく……。

一九六一年三月

日がだんだんと長くなり、ジャスミンと雪割草が春の到来を告げていた。不慣れな時期を過ぎて、わたしの生活もいくらか落ち着いてきた。学校に溶け込むのはなかなか大変だった。もともとわたしは人見知りするたちで、少し反抗的でもあったからだ。

夜になると、わたしはきまって、菩提樹《ぼだいじゅ》の下にすわっているカミーユとカトリーヌに会いにいった。三人はとっても仲が良かった。わたしたちは結束の固い、片時も離れないトリオをつくっていた。互いに助け合い、誰かひとりが困っていればあとのふたりが力になり、楽しいことも苦しいことも分かちあった。カミーユはかわいらしい女の子で、わたしは大好きだった。カールした豊かなブロンドの髪、高い頬骨と上品な鼻が印象的な小さめの顔、しとやかな長い首……。どこをとっても、優しさが息づいていた。でも、口元はほほえみを絶やさないのに、その目は今にも涙を流しそうに見えた。そして、巻き毛に半分隠れている額の下には、何か心配事が秘められているようだった。その夜、彼女はそれを打ち明けてくれた。家に戻る話が出ているというのだ。親元では彼女が幸せに暮らせないことを、わたしは知っていた。母親が連れ戻しにこられないよう、裁判所の命令が出ればいいのに、と思った。どうしたらよいのだろう。彼女を悩ませている悪夢の性質も、わたしは知っていたのだ。十歳のカトリーヌはといえば、早く育ちすぎた若木に似て、今にも折れそうなほっそりしたからだつきをしていた。彼女には弾むような活力があった。五感がいつも目覚めていて、濃い青の瞳は喜びをたたえていた。施設で暮らすことも、彼女はへっちゃらだった。そして、感心するほど舌がよく回った。

ある日の放課後、経理係のセシル修道女がわたしを呼びとめて、言った。

「ジョジアーヌ、明日担任の先生と一緒に身の回り品を買いに行きなさい。あなたには着替えの衣類が少し必要だから」

それからセシル修道女は、買った衣類を大事にし、ひとつひとつに名前を書き入れるように、と言った。わたしたちは三年ごとに、身の回り品一式を与えられることになっている。わたしは嬉しくて、セシル修道女にもう少しでキスするところだった。それは、わたしの乙女心が味わった初めての喜びといってよかった。シスターが出ていくと、ふたりの親友が「あなたは運がいいわ」と言ってくれた。それもそのはず、ひとりは母親から服を買い与えられているし、もうひとりは次の支給まで少し待たなければならないのだった。すっかり日が暮れると、わたしは彼女たちを誘って草の上に寝ころがった。そして空に顔を向け、言った。

「星をひとつ選んで、それから目を離さないで。夜ここへ来るたびにその星を探して、わたしたちの秘密を聞いてもらうことにしようよ。右のほうにある大きな星、あれが北極星よ」

頭上ではあちらこちらで雲がちぎれて、星空がのぞいた。わたしは空を見つめながら想像に身をまかせ、こうした星のうえに、未知の世界、未知の生きものが存在するかもしれないと思った。そして思ったとおりをふたりに話した。わたしたち三人は、人々が仲よく暮らし、自分ばかりでなくお互いを大事にするような世界、「苦しい」とか「悲しい」とか「怖い」という言葉が存在しないような世界、つまり今よりも良い世界を夢みた。消灯の鐘が聞こえ、寝室に戻った。その夜の夢には、宮廷のお姫様たちと、舞踏会と、美しいレース飾りが現われた。

夜が明け、朝のまぶしい光が庭全体をつつんでいた。ずいぶん早く目が覚めた。すぐに顔を洗うと、足音をたてないようにそっと下へ降りた。外の空気はかぐわしく、朝日のなかを二、三匹の蝶がひらひら飛んでいる。わたしは、黄色に赤と黒の斑点がある、見とれるほど美しい蝶を目で追いかけた。でも実際には、わたしこそばら色の夢をみていたのだと思う。わたしの髪は光に映え、瞳はきらめき、顔色はみずみずしく輝いていた。成長して、からだつきもスマートになっていた。わたしは意味もなく笑い、鼻歌を歌った。それから食堂に駆けつけると、朝食のパンを大急ぎで食べた。そう、今日は特別な日なのだ。

やがて、担任のマリ＝ジョゼ先生が来た。

「用意はいいかしら、ジョジアーヌ？　そろそろ出かけましょう」

「はい、先生」

みんなの羨《うらや》ましそうな視線を浴びた。わたしも、支給の順番がきた生徒に同じ思いをしたことがあるから、みんなの気持ちがよくわかった。学校の敷地を出ると、もう嬉しくて胸がわくわくした。目に入るものすべてがすてきに見える。わたしの周りでほほえんでいる人たちはみな愛想がよく、のびのびとして、幸せそうだった。こんなすばらしい一日を過ごすのは初めてだ。夜、寄宿学校に戻るのだとしてもかまわない、わたしはいま目の前にある瞬間を味わい、このすてきな一日を存分に楽しもう、通りを行きかう人々が吸っている自由の空気を自分もたっぷり吸ってやろう、と思った。先生はわたしを店から店へと連れてまわり、靴や下着、セーター、スカート、ズボンを選んで買物袋に詰めこんだ。正午にカフェテリアでお昼を食べた。それから先生は、カテドラルのそばの、知り合いが開いているという小さな洋服店に連れていってくれた。「私からもプレゼントがしたいの」という先生は、お店の人にこう注文した。

「いますぐ、このお嬢さんに似合うきれいな服がほしいのだけど」

嬉しくて顔がほてった。マリ＝ジョゼからくわしい希望を聞くと、店の人はわたしのサイズを測ってから奥へ姿を消し、やがて一着のドレスを選んで戻ってきた。妖精を前にしたシンデレラは、きっとこのときのわたしと同じ気持ちだったろう。目の前にあるのは、いままでに着たことがないような美しい服だ。黄色とピンクの花模様があって、襟は白のレース、袖はかわいいバルーンスリーブで、立派なベルトまでついている。それは誇張なしに美しいドレスだった。先生はまた、横にきれいな刺繡《ししゅう》の入った白い靴下と、黒のエナメル靴も買ってくれた。このときのわたしは、数キロ四方のどの少女よりも美しかったにちがいない。マリ＝ジョゼは、慈《いつく》しむような様子でわたしを見守っていた。鏡の中の自分にお辞儀してから、感謝の気持ちを抑えきれなくなって、先生の腕に飛びこんだ。なにしろ、わたしはこれまでずっと、姉にあてがわれた後の、大きさの合わない、もう誰も欲しがらないぼろ着ばかり着ていたのだ！　帰り道、マリ＝ジョゼは、このすばらしい服と、おそろいで選んだ靴や靴下については、誰に買ってもらったか内緒にしないといけない、と言った。そして、次の日の放課後、写真屋さんに連れていってくれると約束した。その晩、たいせつなドレスを部屋に吊るしながら、こう思った。「明日は美人になって記念写真をとるんだ！」なんだか、起きたまま夢をみてるみたいだった。わたしが買物の包みを開けるのを、みんなうっとりして眺めた。名前を書き入れる前に、買ったものを全部、ていねいに並べた。長い間背中にかぶさっていた重たくて汚れた殻を脱ぎすてたような気がした。マリ＝ジョゼは、いつも表に出すわけじゃないけれど、わたしを好きでいてくれる。明るい気分のうちにその日が暮れ、学校生活は再び、嬉しいことやつらいことを交えながら、ふだんのリズムに戻っていった。

何か月もの間、ママからはまったく連絡がなかった。ママのことを思い出すと夜いやな夢をみてしまうので、つとめて考えないようにしていた。そんなある日、手紙が届いた。食事が済んだとき、セシル修道女から渡されたのだ。わたしは不安になって、心を落ち着けて読もうと自習室へ急ぎ、すみの席にすわった。短くて、そっけない手紙だった。

娘へ。今週日曜日の午後、面会に行きます。私たちに恥をかかせないよう、行儀よくなさい。到着は午後二時ごろの予定。

母

暖かい言葉はひとつもない。それに、この文面ときたら！　わたしが手でじかにものを食べるとでも思っているのだろうか。やっぱり、ママの人柄が変わることなんてあり得ないのだ。でも、いったい何の用があって？　好奇心に駆られたのだろうか？　わたしに会うことだけが目的の、なごやかな訪問であるはずがない。何かあるにちがいないけれど、それは何だろう。まる一週間、眠れない日がつづいた。授業にも集中できなかった。それでもわたしは、クラスで成績のよい生徒のなかの一人だった。ふだんの態度のよさと、校内での奉仕の積み重ねによって、わたしは先生からも友だちからも好かれていた。それにしても、あの手紙のせいで、いつものように落ち着いてものを考えることができない。ママはわたしをここから出すつもりかもしれない……。そう思うと気が気でなかった。せっかく大変な苦労をして学校に慣れたところなのに。週末が来なければいい、とさえ思った。しかしその願いもむなしく、時が容赦なく過ぎていった。手紙の「私たち」とは、いったい誰のことだろう。パパは車が嫌いだから、一緒に来るはずはない。ああ、いやだ！　どうしてもこの面会のことに考えが行ってしまう。刺繡《ししゅう》をして気をまぎらそうと、わたしは遊戯室へ行った。ここでは、シスターから手芸を教えてもらえるのだ。将来この寄宿学校を去る日にそなえておかなければいけない、というのがシスターたちの口癖だった。縫物もできない娘には、ほかのどんな仕事も勤まらない、とも言っていた。それでわたしは、編物、刺繡、裁縫、鉤針《かぎばり》編みを習っていた。その日、わたしはインド麻の布にクロスステッチで白鳥の刺繡を始めた。これでベッドにのせるクッションを作ろう。いい調子だ。針目はそろっているし、きっときれいな白鳥ができあがるだろう。午後六時、みんなと夕食の席についた。今日は当番の仕事もある。食堂の入口に当番表が貼ってあるおかげで、わたしたちは順番を忘れずにすむのだった。食事が終わってから、わたしとカトリーヌはテーブルの上を片づけ、お皿を次々とワゴンにのせていった。それから床を掃き、モップをかけた。晩のお祈りがあり、やがて消灯になった。

日曜日、わたしはまだ朝の静けさが漂う明け方に起き、ママを出迎えるしたくをした。

顔を洗ってから、小さいレース襟のついた地味な服を着て、白い靴下とエナメルの靴をはいた。髪は後ろで結んだ。用意ができると、長椅子におとなしくすわって待った。何の番組かわからないままテレビに目をやっていたとき、ママの気配がした。にこりともせず、機嫌が悪いときの顔つきで、いきなり近づいてきた。

「そこで何してるの？　ぼんやりテレビなんか見て。ほかにすることがあるでしょうに」

着いてすぐこれだなんて！　みんなの注意がたちまちママに向けられる。ひとり、ふたりと席を立ち、わたしたちだけが残された。姉が一緒に来ていたけれど、何を言えばいいかわからなかった。姉のほうから話しかけてくれた。

「背が伸びて、きれいになったわね」

「毎日ただ澄まして歩いてれば、そんな風にもなるでしょ。いつまでもこのままにさせちゃおかないわよ」とママは大声で言った。

わたしと姉を残して、ママは監督係の先生に会いにいった。三十分ほどして、また戻ってきた。

「今度私が来たときにテレビを見てたり、庭で遊んでたりしたら、許さないからね。おまえをここに預けてるのは、将来ちゃんと働けるようにするためなんだから」

こんな面会になるなんて！　この二時間、聞かされたのは小言と憎まれ口だけだ。やがてママは、おどかしの言葉をさんざん並べて帰っていった。わたしを連れ帰ることまでは考えていなかったのが、せめてもの救いだった。気疲れのする、重苦しい一日が終わった。楽しいはずの休日がママのせいで台無しになると、あらかじめ覚悟しておくべきだった。

夜、どっと疲れが出て、わたしはすぐ眠りこんだ。

第五章

一九六二年三月

朝の鐘とともにわたしたちは整列した。マリ＝ジョゼ先生の後について、校長先生のお話があるという遊戯室に向かった。机と椅子が馬蹄形にならんでいる。わたしはカミーユとカトリーヌの間にすわった。何の目的でここに集められたのかみんな心配でしんとしていたが、修道女の話で不安が晴れ、表情がゆるんだ。

「みなさんは、聖体を拝領する歳になりました。それで、公教要理の授業を受け、定期的に集まってもらうことになります」

とたんに全員がしゃべりだし、あちこちから質問が飛んだ。

「家族は招待されますか」

「真白の服を着るんですか」

「少し静かになさい！　おとなしく待つのですよ。必要なことは追って全部知らせます」

いろいろな想像が、わたしの頭を駆けめぐった。自分に幸運が続く――そんな期待が芽生えて、心を暖めた。あらゆる心地よい夢が輪郭をとりはじめた。幸せが、その翼でわたしに触れるくらい、すぐそばに近づいていた。わたしは天上の存在に守られて、もう誰からも苦しめられずにすむだろう。神様を信じることで、戦う力も湧くだろう。幾日かが過ぎた。ママは宗教的なことを耳にするのも嫌がっていたので、わたしは家でお祈りひとつしたことがなかった。それを考えるとわたしの公教要理の習得ぶりはめざましかった。ときおり礼拝堂で、聖書の一節を朗読する名誉を、司祭さまからいただいた。福音書の話をきくのが楽しみだった。司祭さまの話は、澄んだ空気がさっと吹くように悪い考えをわたしから吹き払い、少しずつ、わたしは無気力を脱して冷静にものを見るようになっていった。九歳で、わたしはもう愛と苦しみとを混同しなくなった。

あと二、三か月でカトリックの課業が終わる。イエスのしるしを初めて迎えるまでに、もっと向上するつもりだった。わたしたちは、聖体を拝領するとはどういうことか、当日の式はどのように進行するか、説明を受けた。

何日かが、さらに何週間かが過ぎた。日の傾きかけた午後の和やかな空気に包まれ、校庭のプラタナスの木陰にすわって、初聖体をひかえたわたしたち十二人はとりとめのないお喋りに花を咲かせた。施設にいる少女はぜんぶで四十人ほどで、シスターたちの言いかたをまねれば「隠遁《いんとん》して」暮らしていた。寝場所は、医務室にほど近い共同の寝室だった。

食事は、きれいに飾られた小さい部屋でとった。先生方はわたしたちに特別の準備をさせる方針で、そのためふだんの授業と掃除当番が減らされ、公教要理の時間がふやされた。わたしたちは「主の祈り」や「聖母マリアへの祈り」や「信仰宣言」などを習った。式の日の歩き方、ろうそくの持ち方、白い手袋をはめた手でどう祈禱《きとう》書を持つか、どんなふうに前に進みでてひれ伏すか、を習った。「よりよき世界」、「あなたに向かって歩む」、「地上の喜び」などの美しい賛美歌を教わった。こういう練習と歌の時間は元気がでて好きだった。びっしり詰まったスケジュールのおかげで、気がつくと晴れの日が間近にせまっていた。わたしは、ママと一緒に来る予定のメラニー叔母さんに、会えると思うと胸がわくわくすると書き送った。寝室の鍵のかかる衣装簞笥《いしようだんす》には、わたしたちひとりひとりに配られたオーガンジーの真白な服と花冠が並んでいた。早く着てみたい、と思わずにいられないきれいな服だった。

一九六二年　復活祭

ついに晴れの日が訪れた。起床の鐘が鳴った。わたしは一晩ほとんど眠れなかった。期待まじりの不安でいつものように考えをまとめることができず、食欲もなかった。顔を洗って窓から外を見ると、校庭に組み立てられた大きなテントと、その下の、花飾りのある長いテーブルが目にはいった。前に見ていたので、各テーブルに初聖体の生徒の名が書かれているのをわたしは知っていた。急いで、仲間とともに朝食に向かった。少し話をする時間があった。九時にわたしたちは寝室に戻り、拝領式のための服に着替えた。

「みなさん、用意ができたら静かに廊下に整列しなさい。全員そろったら礼拝堂へ行きます。式の後で父兄の方々に会えます」

わたしたちの準備に目を配りながら、校長先生がいった。

校長先生によると、ミサの後、わたしたちは大型テントの下で家族と過ごし、夕方五時に礼拝堂に戻って晩のお祈りをし、友人とともにその日を終えるという。

「服を汚さないようじゅうぶん注意しなさい。長い一日ですし、写真もとります」

ざわめきが起こった。まもなくすっかり用意ができて、わたしたちは待ち遠しさに足を踏みならした。興奮を引き起こさないよう、式が終わるまで家族と会わせてくれないらしい。全身白ずくめで、服をなでてみると柔らかくてすてきな肌触りだ。髪を整えてくれる人がきて、わたしの巻毛に冠をそっと載せた。目が輝いてみえるよう、大きく見開いた。四人の自分がきれいだとわかったから。十時にわたしたちは中庭に降りて二列に並んだ。四人の少女が先頭を歩き、小さい籠《かご》を持って、通り道にバラと木蓮の花びらを撒《ま》く。あたりにほのかな香りが広がった。足並みをそろえて進む初聖体の少女の列は、おおぜいの人が起立したまま待ち受けている礼拝堂の外陣に、ゆっくりと入っていった。聖歌隊がオルガンを囲むようにして、美しい歌を響かせている。内陣の神父様のそばに、私たちはならんだ。初めて聖体のパンを受けたとき、うっとりするような感じに包まれた。それは忘れがたい瞬間で、わたしは幸せに浸りきり、自分が誇らしかった。そのあとは、まるで香と音楽に彩られた夢だった。感動に唇と手がふるえた。ミサが終わると、わたしたちが最初に退場した。前庭にカメラマンが待っていて、何度かシャッターを切った。父母や友人や親戚の人たちが礼拝堂から出てきた。周りを見回していると、友だちが二、三人お祝いを言いにきてくれた。カミーユは自分の家族を紹介し、きれいに包装したプレゼントをくれた。あとで開けることにして、ママと叔母さんを探しまわった。見つからない。だれもいない！息が止まりそうになった。まさかこんな日にわたしをひとりにしてはおかないだろう。あり得ない。そんな仕打ちはいくらママでもするはずがない。きっと遅れてやって来るんだ。もし出席できないなら、シスターたちに連絡があるはずだもの。カトリーヌが来て、わたしの家族がどこにいるのか尋ねた。

「もうすぐ着くわ。たぶん道路が混雑してるのよ」

わたしは校長をつかまえて、何か連絡がきていないかどうか聞いた。

「ご連絡はないわ。じきにいらっしゃるでしょう」

この晴れの日が悪夢のような結末に終わるのを、わたしは直感した。駆けだして庭の隅にかくれた。だれとも話したくない、ひとりになりたい。正午近くだった。ほかのみんなはテーブルについた。わたしは力が抜け、大事な服のこともかまわず草の上に倒れこみ、悲しみに身をまかせた。涙があふれて頬と口をぬらし、口のなかで味がした。こんなことになって、泣くなと言われても無理だった。人の気配に目を上げると、カミーユが家族の席をはなれてわたしを気づかっていた。目に涙をため、慰めの言葉を探していたが、わたしはさえぎるように言った。

「何も言わないで！　言ってくれたところで無駄よ。あの人はわざと来なかったのよ。都合がつかなかったんじゃない」

「まだ来ないと決まったわけじゃないわ。ただわたしを苦しめようとしたんだわ」

「いいの、カミーユ。お願いだからほっといて」

悲しかった。何週間も前から準備して臨んだこの日が、すっかり台なしになってしまった。受けた苦しみを全部忘れてあげるつもりでいたのに、あの人は何もかも無駄にした。あの人は行く先々ですべてを壊してしまう。わたしは月十五フランの小遣いをちょっとずつ貯めて、ママのためにプレゼントを買っておいたのだ。そうすればあの人の愛を少しは買えると、無意識に思っていたのかもしれない。午後一時、わたしはゆっくりとテントの方へ向かった。入ったとたん、みんなが食事と談笑をやめた。小声でささやくのが聞こえた。自分が同情の的になっているのが耐えられなかった。ママの皿の上に、わたしからのプレゼントが載っていた。わたしの皿の上にはいまも何もなく、また涙があふれてきた。恥ずかしく、みじめだった。こんなふうに再びわたしを苦しめるあの人が許せなかった。校長先生が様子を見にきた。わたしは黙り込んでいたが、先生もがっかりしているのがわかった。この悲しみを和らげることは、校長先生だってできやしない。わたしは喉をつまらせながら、ほかの子たちが楽しげに家族と過ごしているのをぼんやり見つめた。一口ものを食べられない。食べものが、まるで石膏でできているように見える。どこまでも気が沈んで、どうすればこの状態から抜け出せるのかわからない。幸せを想像するのが、そんなに欲ばったことなのだろうか。いろいろな思いが頭のなかを渦巻いていたそのとき、校長先生がわたしの腕に手を置いて、言った。

「ジョジアーヌ、ご家族がみえないことにはいずれ筋の通った説明があるはずです。少しお食べなさい。近いうちにきっと連絡がくるでしょう」

校長先生はわたしの気持ちをわかってくれている。それでも、この苦しみをどうすることもできなかった。テーブルを離れ、すすり泣きながら、外に飛びだした。これ以上、人の視線も同情も受けたくない。ようやく一日が終わり、来賓《らいひん》の人たちが少しずつ帰っていった。わたしは感情のコントロールがきかなくなっていた。日が暮れてから、セシル修道女が庭にいるわたしを迎えにきて、医務室へ連れていった。すぐに鎮静剤の注射を打たれた。少し泣いたあと半分ぐらい眠ることができ、わたしにようやく休息の時間が訪れた……。

数日後、郵便が届いた。ママは右腕を痛めて車を運転することができなかったという。へんな理由だ。この施設に入った日、わたしたちは列車を使ったのだから、初聖体の日にも同じように列車で来られたはずだし、叔母さんが運転することもできたのだ。なんて言いわけだ！　ママは改めて夏休み前に会いに来ると書いていた。わたしは当てにしなかったし、もうどうでもよかった。来なかったことを詫びるメラニー叔母さんからのやさしい手紙も届いた。叔母さんはママの意志に逆らって事を荒だてるのを望まなかったのだといろ。日曜日にでも祖母を連れて足を運ぶ、祖母も自分同様わたしに会いたがっている、ともあった。

わたしは落ち着きを失い、ちょっとした変化にも感じやすくなった。人からかけられる些細《ささい》なひとことにも泣きたくなり、勉強と仕事に影響がでた。ある朝、からだがふるえて目がさめ、ベッドから下りることもできなかった。寒気がした。お医者さんは、全身の衰弱をともなう神経性発熱と診断した。そしてじゅうぶんな休息をとること、医務室に移ることをすすめ、マリ＝ジョゼ先生に薬を渡した。やがて二人は出ていった。廊下で話し合う声がかすかに聞こえ、お医者さんの足音が遠ざかっていった。熱っぽい目をとじて再び横になり、また眠り込んだ。目がさめてみると、カミーユがベッドの足元にすわっていた。公園の散歩から戻ったところで、頬に赤みがさしている。ひざの上に両手を重ねた彼女の顔に、笑みがひろがった。

「生き返ってくれたわね。すごく心配したのよ。もう二度と起きないんじゃないかと思って。二日も眠りっぱなしだったんだから。びっくりでしょ」

「それだけ弱ってたのね。お水持ってきてくれる？」

わたしはコップの水を一息に飲みほした。カミーユとしゃべっているうちにまた眠りに落ち、彼女がいなくなったことにも気づかなかった。翌朝は少し元気が戻ったようだった。寒気はだいぶ引いたけれど、全身がだるかった。三日後、回復のきざしが現れた。会わせてもらえる唯一の見舞客はカミーユだった。彼女は放課後になると毎日やって来て、一時間ほど過ごしていった。わたしたちはよくしゃべり、意見を交わし、お互い何ひとつ隠さなかった。わたしにとって友だちは命のつぎに大切なものだ。数日して、わたしは教室に戻った。先生のすすめで、遅れを取り戻すため授業後も残って勉強した。まもなく、学業に調子が出てきた。努力が実って、みんなの前で名前を挙げられた。本が好きだったので、高学年で始まるテーマのいくつかをすでにものにしていた。

　これといった出来事もなく日々が続いてゆく。もう三年、この施設で暮らしていることになる。わたしは本をむさぼり読み、空想の世界に浸っては自分の境遇をひととき忘れるのが習慣になりつつあった。

第六章

一九六三年八月

カミーユとカトリーヌとわたしは、いまでは中級のクラスになっていた。新しい友人たちができたけれど、やはりいちばん仲がいいのはカミーユだった。わたしたちの部屋には、ベッドが三つ、勉強机が一つ、洋服簞笥が一つ、そして各自に割りあてられた棚があった。部屋の掃除は自分たちでやることになっているので、手分けして仕事に当たった。月に一度は大掃除で、家具のほこりを払い、壊れたところを直し、ワックスをかけ、床をみがき、窓ガラスを洗った。定期的に抜き打ち検査があって、だらしなくしている女の子たちは棚や引き出しの中身を全部、床にあけさせられた。ふだんから整理整頓し、部屋を清潔にしておかなければいけなかった。わたしたちは壁に風景画を飾り、ベッドには、手芸の時間に仕上げたクッションを置いた。こうして部屋に工夫をこらしてゆくにつれて、みんなここが自分の居場所だと感じるようになった。わたしは絶対にママの家に帰りたくなかった。叔母さんからは欠かさず手紙が届き、ときには封筒にお金が入っていて、それでお菓子を買いなさいと書いてあった。叔母さんはわたしの兄弟姉妹の近況も伝えてくれた。姉のフランシーヌ以外、兄弟たちは手紙をくれなかったが、きっとママが禁じていたのだと思う。

担任のエレーヌ先生は、褐色の髪を長くのばした、顔の輪郭のほっそりした人だった。わたしが初めてこの学校に来た日、先生はまぶしいくらい白い花柄のフランネルのワンピースを着ていて、ウエストから下の広がりが、咲いたばかりの花のようだった。歳は三〇代で、ひかえめに話すその声は、聞く者の耳に音楽のように響いた。熱心でやさしい様子からは、子ども好きであることがすぐ見てとれた。

この組では、年少組のときよりも自由が許されるようになり、先生方はいろいろな仕事――年下の子の世話、厨房《ちゅうぼう》の仕事の手伝いなど――を、当番表なしでわたしたちに任せた。日曜日、起床の鐘が鳴ると、みんなうきうきした。授業も、当番もお休み。日曜は外を散歩する日なのだ。先生が一緒だけれど、全然気にならない。わたしたちは歌謡曲を口ずさみ、先生も、ときどき歌に加わってくれた。グループで行動しなければならないことも、気にならなかった。外の世界は道が広々としていて、家はみな大きかった。どこを見ても、人と車が行きかっている。何もかもが、生きる喜びを感じさせる。わたしはこの外出がほんとうに楽しみで、週一度街へ出るたびに自由の感覚をとりもどし、それをみんなと共有するのだった。わたしたちはオランジュリー公園や、美術館や、公共の建物や、ラ・プテイット・フランスや、コルボー広場を見てまわった。コルボー広場の真ん中には噴水があった。ある日わたしは、噴水の中に硬貨を投げて願い事をした。「いつか幸せが見つかりますように」と。

ところが、訪れたのはわたしの願いからかけはなれた奇跡だった。ある朝、雨音で目を覚ましたわたしは、顔を洗うと、窓から外を見た。風が勢いよく中庭に吹きつけ、水が細い川のように排水溝に流れていた。頬をつたう涙のように、窓ガラスを雨のしずくがゆっくり落ちていく。刈ったばかりの草の匂いがした。当番の仕事を終えたとき、エレーヌ先生がわたしを探しにきて、校長先生が呼んでいると言った。悪いことをした覚えはないので、堂々としていればいいはずだった。でも、校長からの呼び出しはいつもわたしたちを不安にさせるのだ。校長室に着き、たっぷり二十分ほど待たされて、やっと名前を呼ばれた。ドアが開いた。

「お入り、ジョジアーヌ。私のそばにおすわりなさい。話があるの」と校長は椅子を指さして言った。「気を楽になさい。心配するようなことじゃありませんよ」

校長が引き出しの中を探している間、わたしはあたりを見まわした。汗ばんだ手で、お尻の下のスカートを直そうとしてかえって皺《しわ》にしながら、身震いしていた。部屋全体に厳めしい雰囲気がみなぎっていて、どの家具も塵《ちり》ひとつなく手入れされ、床は隅々までワックスがけされていてぴかぴかだった。壁の色はオフホワイトだった。テーブルの上と床のあちらこちらに置かれた鉢植えだけは、見てほっとすることができた。中央には事務机と、背もたれの高い古代ギリシア風の椅子があった。散らかっているものは何もなく、どこもかしこもきちんと整っている。からだがこわばり、自分の身に思わぬ不幸がふりかかるのではないかと心配になってきた。心配はつのるばかりだった。ひょっとすると、空が頭の上に落ちてくるかもしれない！　わたしは背筋が寒くなった。校長はわたしをちょっと観察してから、おもむろに口をきった。

「あなたのお母さんが少年裁判所の判事さんあてに出した申請が、認められたのですよ。これからあなたは、二週間に一度、週末をお家で過ごすことになります。帰宅のしかたなど、くわしいことはもう少し後で決めます」

血の気が引いて、床に倒れそうになった。あの悪夢がまた始まるのだろうか？　わたしをここに預ける決定をした同じ判事さんが、ママにそんな権利を認めるなんて。

「お言葉ですが、シスター、そんなことあり得ません。母はわたしがいないほうがいいんです。きっと何かの間違いです」

「ジョジアーヌ、お母さんがこういう要求をしたとすれば、おそらくあなたに対する気持ちが変わったのよ」

昔のことを最初から話す気はなかったけれど、わたしはこう言わずにいられなかった。

「シスター、母はわたしを愛してくれたことなど一度もないし、それはいまも変わってないに決まっています。なぜ週末に呼びよせようとするのでしょう？　ここへ来ればわたしに会えるのに、母はほとんど来ないじゃないですか」

目の前でゆらゆらする涙のヴェールを通して、校長の悲しそうなまなざしが見えた。

「あなたはいままでは、裁縫やデッサンや読み書きの才能にめぐまれた、賢い娘になりました。だから、お母さんはあなたのことをもっとよく知りたくなったのかもしれませんよ。お母さんにもチャンスをとっておいてあげなさい」

校長は大きく息をついてから、笑って言い足した。

「ね、ジョジアーヌ、この先もしトラブルが起きるようなら、一時帰宅はあっさり打ち切りになるでしょう。でも、私は何といっても、お母さんが努力なさると思っています」

ああ！　そんなことを信じられるのは校長だけだ！　緊張がつづいたせいで全身の力が抜け、相変わらずそこにすわってはいたが、話の内容はもう頭に入らなかった。校長も気がついたのだろう、わたしにやさしくこう言った。

「今日はこれだけにしておきます。数日中にあらためて話をしましょう。お友だちのところに戻りなさい」

窓辺で待っていたカミーユは、わたしの顔を見てびくっとした。

「どんな話だったの？　暗い顔してるわね。すわって話をきかせて」

強い動揺がまだおさまらなかった。カミーユにやさしく背中を押され、ならんで彼女のベッドに腰かけて、校長室でのことをくわしく話した。カミーユも、ショックを隠さなかった。

「まさか……。あんまりだわ！」

わたしのことを決めるのはいつも大人で、わたしはそれに従うだけだった。大人たちの気まぐれやわがままに服従するしかないのだった。もやもやした暗い考えを振り払って、カミーユの目をまっすぐ見つめ、わたしは言った。

「こんなことがずっと続くとは思いたくない。いざとなったら、わたし、ハンガーストライキをするわ」

「そんなことしないで！　きっと病気になって、介抱されて、得るものは何もなしよ」

「それなら、人に気づかれないようにやるだけよ」

わたしは深いため息をつくと、近くにあった本をとって、いやな考えを忘れるために一生懸命読みはじめた。もう喋る気にならなかった。

その週の残りは夢の中の出来事みたいに過ぎた。校長に呼ばれて、駅でどのように母とおちあうか説明され、どうやって帰ってくるかについても、行き届いた助言を受けた。翌日、わたしは家庭での週末に臨むためメッスの駅で列車を降りた。ママに会うのはたまらない苦痛だった。ママは、ちょっと太り、化粧が濃くなった程度で、前とほとんど変わらなかった。いや、顔に赤みがさしているのは、たったいま癇癪《かんしゃく》を起こしたせいかもしれない。ああ、やっぱり！　これだけ歳月がたっても、ママは恐ろしい人のままで、その前に出たわたしは相変わらずおびえている。しばらく会わずにいる間に、わたしは、人の心を打ちのめす鋼《はがね》のようなママの目を忘れていた。脈が速くなるのがわかった。わたしのおびえを確認して、ママは口元にゆっくり笑みを浮かべ、急にいらだたしげなしかめ面をしてどなった。「二十分も前から待ってたのよ。早くしなさい！　一時間後に人と会うことになってるの。ほかにもやることがあるし。さっそく仕事を片づけてもらうわよ」

わたしはすわりこんで抗議の叫びを上げたかった。でも、声がふるえてしまいそうで、動くことも声を出すこともできないまま、立ちすくんでいた。あいさつも、歓迎の身ぶりも、ママはしてくれなかった！　わたしが最悪の事態を予想しても、この母親はさらに思いもかけない苦しみを味わわせる。そうだ、この人はものごとを直ちに始める人だった。わたしは黙ったまま後について歩きだした。ママは荷物を持つのを手伝ってくれるどころか、反対に、わたしの背中を突いて速く歩かせようとした。駅の向かいに車がとめてあった。運転席についたママはすぐ車を発進させた。乗っている間ずっと、わたしは黙りこんでいた。かなり前からわたしは、とくにママのいるところでは、自分を閉ざして物思いにふける習慣を身につけていた。そんな、言葉ひとつない世界のほうが、現実よりずっと楽だった。家に着くと、ママはわたしを乗せたままガレージに入り、すぐにシャッターを下ろした。

「隣近所の人に、みっともない子を連れ帰ったのを見られたくないの。ほら、早く家に上がってちょうだい！」

台所では兄弟たちの心のこもった歓迎を受けたが、それもママのひとことで断ちきられた。

「服を着がえるのよ。よそ行きの服をしまって、エプロンをつけて、いますぐ仕事を始めなさい。明日帰るまでに、洗濯と、アイロンがけと、家の中の拭き掃除をしてもらうんだから」

「ママ、少しそっとしておいてあげられないの。いま着いたばかりじゃない」と、フランシーヌが言い返した。

わたしは施設で、この二つ年上の姉フランシーヌから何通か手紙をもらっていた。真剣さと思いやりが伝わってくる手紙だった。いま目の前にいる彼女は、マリア像を思わせる美しい少女になっている。ガラス細工のようにかよわいところがあったが、彼女こそ、わたしたち兄弟のなかで母親に反対する勇気を持つただひとりの子どもだったのだ。こんなにやさしく味方されて、わたしは胸が熱くなった。

「この子の仕事をそっくりやらされたくなかったら、おとなしく遊んできなさい。さもないと、あんたがかわりに働くことになるからね」

「わたし、手伝うわ。ちょっと手を貸すくらい、何でもないもの」

「あんたに頼んでやしないわよ。自分のことだけしてなさい。あっちへ行って」

立ち上がって服を着がえようとすると、ママがぴったり後ろについてきて、狭苦しい小部屋を指さした。

「家に来るときはここで寝て。ろくでもない施設暮らしの話をお姉さんや妹に吹きこまれると困るの。あの子たちによけいなことを言ったら承知しないからね」

そう言い残して、ママは立ち去った。涙をこらえて、雑用にとりかかる準備をした。またしても運命のしかけた罠に陥ったわたしは、ただそれに従うしかなかった。いたずらにママの怒りをかきたてるより、すぐ仕事を始めたほうがいい。つらいのはほんの一瞬だけだ、時がたてば、いやな思い出は自然に忘れられる。ママは、わたしを施設に入れたきり見捨てておきながら、そこでわたしが幸せに暮らしてるのが許せない、ただそれだけの理由でわたしを帰らせるようにしたのだ。この世では、どんなささやかな喜びに対しても、代価を支払わなければいけないのか？　どうも、そうらしい。三時間かかって、わたしは仕事をかたづけた。そのあと、ママがいなかったので、玄関の石段の上で姉たちと話をした。晩の七時になるころ、わたしはスープ用に、野菜の皮をむいて小さく切り、食卓の用意をし、皿を洗い、台所と廊下を掃除した。と、突然、後ろでママの声がした。

「もう部屋にさがって寝ていいわ。ただし明日の朝は七時に起きて朝食の用意をするのよ」

　なんというありがたい心づかい！　この人は以前と少しも変わっていない。わたしはあの薄暗い小部屋に退散した。たらいで手早く汗を流してから、藁《わら》ぶとんに横になって、天井の上に現われては消える影法師を見つめた。ひとりでいるのは何でもなかった。ときおり風が勢いよく吹いて、行く手にあるものを激しく揺さぶり、いろんな音がした。よく閉まっていない鎧戸《よろいど》のばたんばたんという音が、とくに耳につく。雲が風に流されて、ときどき部屋が暗くなった。わたしはそんな雲のひとつに、どうかカミーユのもとへ行って、どんなに彼女のことを思っているか伝えて、と祈った。夜が更けると風はおさまり、木々の葉をそよがせる程度になった。外はすっかり前の静けさに戻った。

　日曜日、小鳥の声で目は覚めたけれど、藁ぶとんから出る気にならなくて、起きるのに時間がかかった。けれど、鬼のようなママに出てこられたくなかったら、ぐずぐずしてはいられない。大急ぎで身じたくし、重い足どりで台所に向かったが、着いたとたん、胸がいっぱいになってしまった。フランシーヌとエミリーが、明け方から起きて立ち働いていたのだ。パンはこんがりと焼け、コーヒーの香りが立ちのぼり、テーブルにはすでに食器類が並べられている。ふたりは誰も起こさないように静かに仕事していたのだった。わたしはふたりを抱きしめた。こんなに嬉しいプレゼントはなかった。エミリーは二歳年下の妹だ。無理に力を出したり、骨の折れる仕事をしたりするのは彼女には禁物で、興奮したり叫んだりしてもいけなかった。わたしたちの家は、しじゅう大声で叫んでいるママのせいで、エミリーにとって理想的な環境とはとてもいえなかった。叔母がくれた手紙によると、エミリーは心臓が弱く、看護婦さんについていてもらわないといけないほどで、実際、看護婦さんが毎週やってきて注射を打っているらしい。おもてへ出て少しお喋りし、わたしはさっそくふたりにお礼を言った。ふたりに会って話を聞いていると、ヒステリックな母親をもつ苦しみが和らいだ。パパには、施設に預けられて以来、まだ会っていなかった。いまのパパは、ママとおんなじ気持ちでいるのだろうか？　この日パパを間近に見て、胸が締めつけられた。頭は白髪まじりになり、ひげは三日ぐらい剃っていないように見え、背中は少し丸くなり、いっぺんに十歳も年をとったようだった。それでもまだ、見ばえのするハンサムな男ぶりだった。パパはわたしのほうに来て、強く抱きしめてくれた。

「きれいな娘になったもんだ。髪の毛は長いし、顔色はいいし、まったく、見違えるほどきれいになった」

いままで感傷的なことなど言ったためしのないパパの口からこんな言葉を聞いて、わたしはよけいに嬉しかった。今朝から、びっくりすることばかりだ。やっぱり、わたしを嫌っているのはママひとりだけなんだ。

「ありがとう、パパ。また会えてよかった」

パパはテーブルについて急いで朝食をとりはじめた。短い間しか感情を表わしてくれなかったけれど、わたしは幸せだった。やがて、立ち上がってわたしにやさしくキスすると、仕事に出かけた。パパ自身は悪い父親ではないのだ。ただ、家庭内のことはママの言いなりで、ときどきママの態度がうつってしまうのだと思う。しばらくして「奥様」が起きてきて、食卓についた。ママはわたしが給仕するのを待ちかまえて、こう言った。

「このパン、焼きすぎね。コーヒーはぬるいし、テーブルの整え方もなってない。初めから、急いでやり直しなさい。こんな食事の出し方、二度とするんじゃないわよ」

朝食を用意したのがわたしでないと知ったらママがどんな顔をするか、見てみたい気がした。でも、姉たちに迷惑をかけたくない。わたしは甘んじてママの朝食を作りなおし、黙ってテーブルに置いた。

「買物に行ってきてちょうだい。メモが食器棚の上にあるから。買物がすんだら庭の草取りを頼むわ。雑草を全部きれいに抜くのよ。パパはここのところ忙しくて、やってもらえないの。お昼は自分で食べなさい。四時に戻って、おまえを駅まで送るわ」

お皿を洗い、掃除をして庭に出ると、小鳥がさえずっている。わたしは童謡を口ずさみながら草をむしりはじめた。庭仕事は嫌いじゃないし、こうして自由に外の空気を吸っていると、悩みなど忘れてしまえる。草取りはあっという間に終わり、太陽が雲間から姿を現わした。目の前の畑では、点々とならぶ積み藁《わら》が日に輝いて、よりかかると気持ちよさそうだった。あの積み藁に頭をのせて寝そべり、何もせずにぼんやりしていたい。でも時間がない。わたしは服を着がえに戻り、衣類をまとめた。

姉たちは友だちの家に出かけてしまっていて、さよならを言えないのが悲しかった。不意にママが現われた。

「用意はできた？　急いで、もう時間よ。おまえみたいなだらしない娘がたくさんいるところへ帰るのよ。私にはおまえにかまけている時間はないの」

聞いたわたしは内心喜んだけれど、顔には出さなかった。また列車に乗れるのが嬉しかったし、ひとりで旅することに何の不安もなかった。レールの上をごとごと走る列車の中で、ママのこと、やらされた仕事のことが頭から消えていった。からだを揺られるにまかせて、窓の景色を楽しんだ。牛や羊が牧場で草を食んでいる。見上げるほど大きい積み藁《わら》が、すんだばかりの収穫を記念するように、あちらこちらに点在している。雄大な草原が地平線まで広がり、曲がりくねった道が川を見下ろすように伸び、川原では子どもがはしゃぎまわっていた。昨日この景色を見落としたのが不思議だった。ストラスブールの駅に降りたつと、先生が迎えに来ていた。早く大好きなカミーユに会って、この二日間の話をしたい。学校に着くなり、わたしはカミーユの腕の中に飛びこんだ。彼女もわたしを待ちこがれていた。さっそくふたりして、お気に入りの場所になっている、庭の突き当たりの菩提樹の下に行った。カミーユはわたしの報告に驚かなかったばかりか、「わたし、あなたにそうなるって予言できたくらいよ」と言った。実際、彼女とはたびたびママの話をしていたのだ。彼女はわたしの留守中につくったと言って、一編の詩をプレゼントしてくれた。

あなたが去ってしまって
わたしはがっかり
ひとりぼっちのわたしの心に

冷たい霜の花が咲いたよう
あなたが「あの人」の家にいて
ここにいてくれないのがどんなにつらく悲しいか
あなたが行ってすぐ
書かずにいられなかったわ！
太陽は色あせ
パンは味気ない
心配のあまり
わたしは泣いてばかり
ああ！　あなたが戻って
またふたりで囁《ささや》きあうのが
待ちどおしい

読み終えた詩を、わたしは胸に押しあてた。自分の留守をひとがさびしく思ってくれたという経験に、言いようのない幸福を感じた。この詩はいつまでも大事にとっておこう。

数日後、わたしは、ママが仕事で手いっぱいでこれからはメッスの駅まで迎えに来られない、と知らされた。ママの心変わりに慣れっこになっているわたしは、とくに腹も立たなかった。

第七章

一九六四年十二月

世界中のほとんどの子どもにとって、クリスマスは陽気に笑い、お祭り気分にひたる期間だ。大人にとっては、戦いの中の休息のひとときだ。いままで、クリスマスといえば涙と失望の連続だった。サンタクロースは、わたしを忘れて帰ってしまうか、さもなければほかの子どもたちがそっぽを向くような品物をプレゼントに置いていくか、どちらかだった。両親はたいてい、この特別な日の行事をそっちのけにして激しく喧嘩《けんか》し、そのあげく、どちらかがきまってクリスマスツリーを窓の外か階段の下に放りなげ、付いていた飾りを粉微塵《こなみじん》にしてしまうのだった。だから、クリスマスと聞くとわたしは、ふつうの円満な家庭の人たちみたいに、きれいに飾りつけをしたモミの木のまわりでこの日を祝い、賛美歌を歌って過ごしたいという気持ちをかきたてられるのだった。

暴力も喧嘩も金切り声もない、初めてのクリスマスらしいクリスマスを過ごしたのは、この施設の年少組にいたときだった。この時期、シスターたちはふだんより優しくわたしたちに接してくれる。今年もきっと、心ときめくクリスマスになるだろう。楽しい空想にふけっていて、危うく、学校から施設に向かう送迎バスに乗り遅れるところだった（著者は十二歳から、ストラスブール市街の中等学校に通うことになった）。施設に着いたとたん、カミーユに引っぱられて、ホームルームが始まりかけている遊戯室に駆けつけた。こんなに急に生徒を集めることから考えると、よほど大事な話なのだろう。冬休みを目前にしているだけに、どんな話が飛びだすか気にかかる。当番仕事の追加か、それとも補習だろうか？　みんなの緊張で、部屋じゅうが変にしんとしていた。わたしはカミーユとカトリーヌに挟まれてすわっていたが、三人とも、息の音でさえ成りゆきに悪い影響を及ぼしかねないと心配して、身動きひとつしなかった。何事も起こらず気抜けしはじめたころ、校長先生がわたしたちの担任の先生をしたがえて厳かに入ってきた。

「みなさん、今日ここに集まってもらったのは、クリスマスの準備をお願いするためです」

　校長先生は、この行事がもつ意味を説明し、それに関係のある挿話を聖書から引用し、ようやくホームルームを始めた。

「クラス担任の先生と相談した結果、あなたがたは、自分たちでフロアの飾りつけができる年齢に達しているということで、意見が一致しました。後ろに並べてある箱の中に、飾りつけに必要なものが全部入っています。来年も使うものですから、くれぐれも大切に扱うように」

話が終わらないうちに、わたしたちはいっせいに後ろを振り向いた。部屋の隅に、段ボール箱が四つ置かれていた。ぱん、ぱん、と担任の先生が手をたたいてわたしたちを向き直らせてから、会の締めくくりとしてこう言った。

「この待降節《たいこうせつ》の間、恵みを与えてくださる主に感謝するのですよ。お互いに思いやりをもって、協力して仕事にかかりなさい」

二人の先生は重々しい足どりで帰っていった。先生の姿が見えなくなると、わたしたちはどっと歓声を上げ、喜びあい、飾りつけについて意見を出しあった。この瞬間、わたしたちは全員、仲よくひとつにまとまっていた。がやがや騒ぎながら、みんな段ボール箱のまわりに集まった。わたしはエレーヌ先生の公平さ、判断の正しさにつねづね感心していたが、このときも、クリスマスの飾りがこわれたりしないよう、配る役目をカトリーヌに言いつけていた。ひとつめの箱があいたとたん、わたしたちは目を輝かせた。ボール形の飾りや、花輪や、小さい人形などが、それぞれの小箱の中にきれいに詰めてある。ひとりひとり自分が飾る品物を受け取ったあと、わたしはみんなから離れて部屋の隅にすわり、ゆっくりこの幸せを味わった。この瞬間を、誰にもじゃまされたくなかった。わたしにとって、この飾りの品々は神様からのプレゼントだった。主の深い慈愛に心から感謝した。カミーユがクリスマスソングを口ずさむと、それに応えるように、みんながいつになく熱をおびた声を合わせた。クリスマスツリーはモミの樹脂のいい匂いがした。大きな鉢に植えられていて、てっぺんが天井に届きそうだ。わたしはカミーユと一緒にツリーの飾りつけを始めた。喜びを長続きさせたいので、できるだけゆっくり、ボールと花飾りを付けていった。ボールの位置をあちこちずらしたりしたけれど、やがてもう何もすることがなくなってしまった。クリスマスツリーはすっかりできあがったのだ！　二、三歩下がって、できばえを眺めた。文句なし！　わたしたちは、食堂の飾りつけをしている仲間のところへ行ってみた。みんなそれぞれ、ボールの位置を変えたり、花輪の数をふやしたりして、自分ならではの味を出していた。「天井にもっとたくさん星をぶら下げなさいよ」とか「壁の花輪が少し足りないわね」とか意見する者もいる。カトリーヌとエステルは模型の馬小屋を飾り終え、あとは、午前〇時に幼な子イエスを藁の上に寝かせるだけになった。わたしは、今日一日のかけがえのないひとときをじっくり味わった。就寝時刻が近づくまで、わたしたちの興奮は冷めなかった。鐘が鳴りひびき、みんな名残惜しげにシャワー室へ向かった。そのあと、わたしはベッドの上に倒れこんで、今日体験したことをひとり思い返した。この夜ばかりは涙も悪夢もわたしたちに近づくことはできなかった。みんな幸せにひたって、すぐ寝入ってしまったから。

あくる朝、目がさめると、いつもと違う静寂がみなぎっていた。起き上がって、窓の外を見た。たちまち、この静けさの正体がわかった。大きな綿雪が降っていたのだ。夜の間に、少なくとも三〇センチは積もっている！　わたしはカミーユを揺すぶり起こし、彼女の唇に指を当てて、口をきかないよう合図した。ほかの子たちが目をさます前に、この絵のような雪景色を彼女とふたりだけで楽しみたかったのだ。起きぬけのはれぼったい瞼《まぶた》をして、静かに、カミーユはわたしにくっついて窓辺に来た。息をのむほど美しい、まっ白な風景がそこにあった。わたしたちは満足しきって、次々に落ちる雪のかけらが地面でふわりと止まるのをじっと見つめた。夢のような景色だ！　庭は白一色で汚れひとつなく、足跡もない。雪のマントが、指一本ふれられずに、そこに広がっていた。しばらくすると、同室の子がひとり、ふたりと加わってきて、カミーユと味わっていた幸福に水をさした。それでもわたしたちは、この思いがけない喜びを分ちあえて幸せだった。

やがてわたしたちは、最後の仕上げにとりかかった。フロア全体を磨き、掃除し、整頓して、どこもぴかぴかになるようにした。今度だけは、仕事の分担をめぐる喧嘩も言い争いもなかった。というのも、クリスマスの「休戦期間」が始まっていたからだ。ふだん怠けてばかりいる子も含めて、みんなが、賛美歌やクリスマスソングを歌いながら助け合った。たった一人だけ、ほとんど笑おうとしない物悲しげな女の子がいて、あちらこちら歩きまわり、心の中の暗い思いと闘っているようだった。大掃除を終えると、みなそれぞれ好きな場所へ行って、自分のための準備を再開した。カミーユがいつもわたしの人形をうらやましそうに見ていたので、わたしはしばらく前から、端切れの布の人形を彼女のためにこっそり作っていた。わたしのよりさらにきれいな、映画女優のような人形にするつもりだった。からだ、頭、腕、脚は、中にキルティング生地をつめたフランネル。髪の毛は、頭の真ん中から左右に、三つ編みにした細い毛糸をそろえた。あとは顔を仕上げるだけだ。トルコ石のように青いボタンを二つ見つけてきて、目の位置に縫いつけた。そして、あざやかな赤い糸で、ハート形の口をつくった。服には上等のイギリス刺繍《ししゅう》の布を、ペチコートにはレースを使った。鼻は、手間をかけないといけないから、もう少し後にしよう。もう礼拝堂へ行く時間だ。遅刻するわけにはいかない。つくりかけの人形をクロゼットの奥にしまって、みんなのいる場所へ急いだ。廊下の鏡の前でちょっと立ち止まり、自分をよく見た。そして、簡単にいえば、映った自分の姿にうれしくなった！　家から離れていると、心もからだも調子がよかった。わたしの顔は、分別がつきはじめる年頃のみずみずしい表情をしている。くるりと一回転すると、鏡の中の自分に向かって顔をしかめてみた。相手のしかめ面に大笑いしてから、友だちが待っている石段に急いだ。先生が来るまで、ひとつふたつ雪玉をぶつけあった。

　礼拝堂に入ったわたしたちは、身廊で思わず足をとめた。たくさんの花束が祭壇のまわりを埋め、マリア様の足元に置かれた大きな馬小屋の模型が、キリスト降誕の光景をくりひろげていた。わたしはこんな美しいものを見るのが初めてで、そこに釘づけになったまま一歩も進めず、感動で目頭が熱くなった。どの人形も、ほんものの人間と見まがうほど真に迫っていた。できるなら、そのひとつひとつにさわり、撫で、腕に抱き、名前をつけてあげたかった。カミーユがそっと背中をたたいてくれなかったら、わたしはあと何時間もこれらの人物像に眺め入っていただろう。司祭様が、キリスト教の愛徳について話を始めた。わたしは熱心に耳を傾け、神様に感謝の気持ちをこめてお祈りした。おだやかに瞑想するうち、ふだん物思いにふけるときと同じように、わたしの考えは自由にさまよいはじめた。

　春、憎しみによってこわされたものすべてが、もう一度花を咲かせますように。

　夏、愛と平和の歌が聞こえてきますように。

　秋、人々を敵対させる不和が落ち葉のように散りますように。

　冬、世の中の人すべてが同じ火のまわりに仲よく集まりますように……。

　午後、風が弱まってやがてまったく吹かなくなり、雪はやみ、空のあちらこちらで雲が切れて、青空がのぞいた。あと二時間か三時間で、わたしたちはミサを終え、いよいよ楽しい食卓をかこんでクリスマスの夜を祝うのだ。モミの木の下にはすてきなプレゼントが用意されています、と担任の先生が言っていた。

ひとりの時間を利用して、わたしは友人にあげるささやかなプレゼントを仕上げ、紙に包んだ。どれも念入りにつくった大事な贈りものだ。それから、今夜着ることに決めていた服を箪笥から出した。シャワー室へ行っててていねいに髪を洗い、ブラッシングした。カミーユが、わたしの髪を乾かしてから、頭の上に小さいシニョンをじょうずにつくり、白い髪バンドでとめてくれた。そのあと、ビロードのマリンブルーの生地に白い襟のついた服を身につけた。きれいだ、と思った！　カミーユが着ている花柄のワンピースは、ピンクのベルトがすてきだった。彼女はライオン風の髪型で、食べてしまいたくなるほどかわいかった。今や、わたしたちは興奮気味に、不安と陶酔がないまぜになった心持ちで、ほかの子たちが準備を終えるのを、そしてわたしたちの装いについて意見を言ってくれるのを待った。お喋りはははずんだ。大きい行事があるとき、自分がいちばんきれいでチャーミングだったらいいな、と思いながらお互いを点検しあうのが、わたしたちの習慣だった。廊下に整列して、いよいよ深夜ミサへと向かった。

夜の冷え込みは厳しかった。暖かい礼拝堂に入ると、聖歌隊があいさつしてくれた。シスターたちはいつも暖房なしですますので、冬、わたしたちは寒くてたまらないのだが、この日は例外だった。聖歌と賛美歌がやさしい子守唄のように身廊を包んだ。わたしは名誉にかけても注意をそらさないつもりで、ミサに聞き入った。とうとう午前〇時きっかりに、幼いイエスが馬小屋の中に横たえられた。ほんとうに、キリスト生誕の物語に思いをはせると、痛ましくてたまらなくなる！　礼拝堂を出たわたしたちは、冷たい北風に身をすくめた。ふとイエスのことが頭によみがえった。みんな駆足で部屋に戻り、わたしはコートをかぶって身をちぢめた。食堂には思いがけないごちそうが待っていた。熱いココア、ケーキ、焼菓子、そしてライチやマンゴーなど、初めて見る、それまで存在も知らなかった果物。担任の先生は、礼拝堂でずっとわたしたちと一緒だった。とすると、こんなすてきなものを用意してくれた妖精はいったい誰だろう？

しばらくしてわたしたちは、また別の驚きを味わうことになった。寝室へ服を着がえに戻ってみると、みんなのベッドの上に、セーター、化繊《テルガル》のズボン、縁なし帽、揃いのデザインのマフラーと手袋が置いてあったのだ。入口のクリスマスツリーの下になんにもなかったわけは、これだった。サンタクロースは、プレゼントの衣類を直接ひとりひとりのベッドに置いていってくれた。この粋なはからいは大成功だった。有頂天になったわたしは、はしゃいで、自分の用意した贈りものをふたりの親友にプレゼントした。カミーユは布の人形を気に入ってくれ、すぐにセレスティーヌと名づけた。どうしてそういう名前をつけたのか、確かなことはわからない。わたしも彼女から、秘密をしまっておく扉のような留め金のついた、すてきな日記帳をもらった。カトリーヌからは宝石箱をもらったけれど、しまう宝石がないので、みんなと交換しあう詩や伝言のようなささやかな宝物をしまうのに使おう、と思った。わたしはふたりに、心からありがとうを言った。それからようやく、わたしたちは服を着がえて、クリスマスの夕べを楽しむため、食堂に集まった。室内には独特の熱気がみなぎっていた。このお祝いの夜を家族で過ごしている人たちのことを思わずにいられなかった。先生がレコードをかけ、わたしたちは『きよしこの夜』、『地にも空にも』、『プチ・パパ・ノエル』などの心にしみる曲を、ティノ・ロッシ（フランスの歌手。一九〇七―一九八三）の歌で聴いた。こうして、みんな楽しく上機嫌にパーティを過ごした。でも、夜更かしに慣れていないわたしたちは、瞼がだんだん重くなり、みな順々に寝室へ引きあげていった。わたしはベッドに横になると、ほんとうなら家族で過ごすはずの今日一日のことを思い返した。家からはクリスマスカードさえ届かず、聖体拝領につづいて今度もまた、わたしは放りっぱなしにされてしまった。あの家の食卓を囲んでもわたしはきっと場ちがいだろうし、家族も、そんな娘を呼ぶよりよその人を招くほうがいいのだろう。すばらしい夜だったのに、また、見捨てられている悲しみが襲ってきた。何をやっても、自分の生活がこれからも失望と苦しみの連続になるだろうということを、覚悟しなくてはならなかった。夢はけっして現実にならず、人生はおとぎ話とは似ても似つかない……。

早くも翌日、わたしは人生の苛酷な真実をつきつけられた。ママが、その日の午後迎えにいくから出発のしたくをしておくように、と連絡してきたのだ。新しい年を家で迎えさせてやりたいと言う。なぜ急に、新年を家族で祝うためにわたしを迎えにくることにしたのだろう？　筋が通らない。

わたしは旅行鞄に、乱雑に衣類をつめこんだ。いったん家に帰ればひどい場所で寝かされるにきまってるのだから、ていねいに畳んだってしかたがない。身だしなみに注意を払うだけ無駄だ。カミーユがわたしのベッドにすわって言葉をかけてくれても、気持ちはこわばったままだった。ときおりわたしは、両親の話になるたびに彼女の目が涙で曇るのはなぜだろうと考え込んだ。彼女は雲のような悲しみのかたまりを胸のうちに隠していて、それを振り払うまえに、いつもわたしに気づかれてしまうのだった。

「ね、早く帰ってきて。持ちものやプレゼントは、わたしがしっかり見張っててあげるから。もしかしたら、サンタクロースはあなたのママのとこのツリーにもプレゼントを置いてったかも知れないわ」

「そう？　そんなことあり得ないと思うな。だいたい、ママがどうしてわたしを呼ぶ気になったのか、わからない。あの人の家へ行くよりあなたとここに残っていたいわ、カミーユ。ママはわたしを嫌ってるし、わたしの生活の中の幸せを次から次へと消してしまうんだもの」

　わたしは、カミーユがくれた詩をクロゼットから取りだして、鞄の内ポケットに入れた。こうすれば、夜ベッドの中でこれを読み、彼女のそばにいるような気持ちになれるだろう。少ししてから、わたしは遊戯室へ行ってママが来るのを待った。きちんと時間を守らないと、またあの不機嫌に苦しめられる。わたしはドアの近くの椅子に腰かけた。いきなり現われたママは、友だちとお別れのキスをする時間さえくれなかった。

「ほら、急いで。気取ったまねはよしなさい。その野暮ったい女の子たちとは、帰ってきてからまた会えるでしょ！」

　車の中で、わたしはできるだけママと話をしないですむように、頑《かたく》なに窓の景色を見つめつづけた。子どもたちが雪の中で遊び、広場には見上げるような雪だるまがどっしりすわっていた。遠くでは少女たちが少年たちめがけて雪玉を投げたがひとつも命中せず、少年たちが大笑いして、今度は逆に攻勢をかけた。ストラスブールの街を出るころ、わたしは眠りこんでしまい、目をあけたときには家に着いていた。ママがそっとしておいてくれたことに驚いた。ふつうなら、お仕置きのりっぱな理由になるからだ。彼女はまだ声を荒らげてはいなかったけれど、たちまち、おとなしい雌豹《めひょう》は居丈高《いたけだか》な鉄の女に戻った。

「荷物を整頓して、着がえて、仕事を始めるのよ。まず、お皿を洗ってちょうだい。お兄ちゃんもお姉ちゃんも、友だちの家へ遊びに行ってるわ」

やっぱりそういうことだったのか。皿洗い、洗濯、その他あれやこれやが、また始まったのだ！　黙って、コゼットのように、わたしは服を着がえて流しの前に立った。ぼんやりしていると後ろから首をひっぱたかれる。汚れたお皿は、レンジの上、床、流し、テーブルの上と、いたるところにあって、少なくとも三日前からたまっている様子だ。

「まだとりかからないようだけど、いつまで待たせる気？」

ママは眉根にしわを寄せ、さらに言った。

「かたづける暇がなかったのよ……。早くして。今夜お客さんが来るんだから」

ママは、その目で人を探り、非難するのが得意だった。これだけ歳月がたっても、彼女の目の力は少しも衰えていない。その目は威圧し、破壊し、強制し、今みたいにわめきたてもする。そんなふうに、ママはあらゆるまなざしを自在に使いこなすことができた。わたしは自分で決めたとおり、その顔を見返した。ママが濃い眉をひそめるのを見て、癇癪《かんしゃく》が起こる気配を感じた。わたしは、脂で汚れた食器の山を洗うため、お湯をわかした。ママが唇の両端を上げて、不満をあらわした。皿洗いを始めるのに、わたしが時間をかけすぎると思っているのだ。唇をきゅっと引きしめたのは、不満が募っているしるしだ。嵐が吹き荒れてはたまらないから、全速力でコップを洗いはじめたが、間に合わなかった。

「ちょっと、そんなにもたもたやってたら明日までかかるわよ。私が手を貸すなんて思わないでよ、ここは尼さん連中のいる所じゃないんだから。言っとくけど、おまえを迎えに行ったのは、遊ばせるためじゃないわよ。あそこにいたらどうせ怠け癖がつくにきまってるから、連れてきたの」

「手伝ってもらおうとは思ってないわ、ママ。出かけても大丈夫よ。ちゃんとかたづけておくわ」

「黙りなさい。なまいきに意見なんか言わなくていいの」

「はい、ママ」

わたしはまずコップを一か所に集めて洗い、お皿、フォークやスプーン、そして鍋という順に洗いものをかたづけていった。流しがすぐいっぱいになってしまうので、洗い終えたものはどんどん拭かなければならなかった。三時間後、ようやく仕事が終わった。

夜、わたしはくたくたに疲れ、意気消沈して床についた。何時間も夢を見つづけた。夢の中では、春の色や希望の色がきらきらとはじけていた。

第八章

一九六五年三月

クリスマスが過ぎたころ、カミーユに郵便が届いた。それ以来、彼女は鬱《うつ》状態に陥った。まるで、生きている間に少しずつためてきた困難や小事件が、その頂点に達したかのように、彼女は何ものかに心を奪われ、打ちひしがれているようだった。いつもほがらかだった彼女が、ひとりきりで、いまにも泣きそうに悲しげな様子をしていることが多くなり、わたしのそばに来ようとさえしなくなった。わたしは心配でたまらなかった。原因が手紙の内容にあることは明らかで、力になってあげたかった。でもそのためには彼女に信頼してもらい、話を聞かせてもらわなければならない。ある日曜の午後、ほかの子たちが庭でドッジボールをしている機会をつかまえ、わたしは彼女にたずねた。

「カミーユ、どうしたの、最近？　わたしたち仲よしでしょう、わけを話してよ。こんな状態のままでいるなんて無理だわ。あなたは誰とも話さなくなったし、食事にもほとんど手をつけないし、ベッドでは毎晩のようにうなされてる。ね、どうしたのか聞かせてちょうだい。話せば、きっと気持ちが楽になるわ」

カミーユの目に涙があふれた。彼女は苦しみを見せてしまったことに腹を立てているかのように、乱暴に涙をふいた。

「なりゆきにまかせる以外、どうしようもないの。あのママに振り回されるのはもうたくさん。もう顔も見たくない」

肩にそっと手をかけると、カミーユは少し落ち着きを取り戻した。抑えきれないものを胸に抱え、悲しみを爆発させたがっているように見えた。手紙が来てからずっと、彼女は、目の前の事実を認めまいとして固くなっていた。その苦痛にあえぐのを恐れて、つとめて考えないようにしていたのだ。

「話してもらえるかしら?」

彼女は何のことかわからないという風にわたしを見た。

「ママのことを話せっていうの? ちょっと難しいわ。やっぱり話せない、恥ずかしすぎる」

「わかるけど、話してくれさえすれば、そのあとは気持ちが軽くなるはずよ」と、わたしはきっぱり言った。「でも場所を変えない? ここは騒がしいわ。部屋で話そうよ」

彼女は過去の重荷に押しつぶされそうになって、また同時に、わたしに元気づけられ、ついにその重荷をおろすことができそうだとわかって安心もして、力ない足どりで後についてきた。みんなが笑いさざめいている庭を横切り、部屋にたどりつくと、わたしは誰も入ってこないようドアに鍵をかけた。ベッドに腰をおろして、カミーユを手招きした。最初の言葉がなかなか見つからないようすだった。

「ママが何の連絡もしてこないことは知ってるでしょう。それが、二、三日前に手紙がきてね、そこに、わたしを家に引きとるつもりだって書いてあるの。判事さんに退校願いまで出したそうよ。これで、わたしが変になってるわけがわかったでしょ」

「だけど、判事さんがあなたをここへ入れることにした以上、母親の気まぐれであなたを出すことはできないわよ。わたしがママの話をしたとき、言ってくれたじゃない。子どもを守る法律があるはずだって。どこの偉い人が、あなたをあんな人の手に引き渡すというの?」

「この話をするのがどんなに恥ずかしいか、わかってもらえたらいいのに。あの人の家に帰るくらいなら、わたし、死ぬほうがましよ。わたしはあなたみたいにいじめられたことはないけど、もっと悲惨なのよ。まだ誰にも話してないの。黙ってるって約束してくれるなら、打ち明けるわ」

「そんなことわかってるじゃない、カミーユ。わたしの口の固さは保証つきよ。いちばんの友だちが打ち明けてくれる秘密ならなおさら、漏らしたりするもんですか」

施設に預けられるというのは、けっして偶然の結果ではない。調査を受け、カウンセラーのところへ行き、そのうえで裁判所の命令が下る。カミーユが抱えている秘密も、きっと深刻なものにちがいない。

彼女は急に、自分の絶望をあらいざらい話しはじめた。長いことこらえていた涙がとめどなく流れた。わたしは、しばらくそのまま泣かせてあげてから、ハンカチを差しだした。すすり泣きで肩をふるわせたまま、彼女は言い放った。

「わたしのママ、売春してるの」

「えっ？　何て言ったの？」

予想もしなかった告白を聞いて、わたしは茫然とした。かわいそうでたまらなかった。

カミーユは悲しい身の上話をはじめた。

「ちゃんと聞こえたはずよ。『ママは売春してる』って言ったの。何年も前からママは、夜、ときには真昼間、うちに男を呼んで寝ているのよ。行きつけのバーで知り合った男を、よく連れてきたわ。姉とわたしは、ぞっとするような光景を見せられるの。それがいやで部屋に閉じこもっていても、お酒を持って行かされたり、部屋の中まで叫び声が聞こえたりするの。酔っている間は、ふたりとも下品に笑ってるわ。しばらくして、笑い声も叫び声も峠をこえると、ママは泣きだして、男にぶたれるの。ママが倒れる音がすると、わたしはどうしてそんなひどいことができるのか信じられなかった。とにかく怖かった。ママと男のひとがまるで野獣みたいになるのが、すごく怖いの」

そう話す彼女は、ちょっと風が吹いただけで折れてしまう、繊細で弱々しい花のようだった。そんな姿に胸が締めつけられたけれど、話にはまだ続きがあった。

「ある日、ママが何度もうちに連れてきたことのある男が、わたしに言ったの。『おれはな、若くて、いいからだをしていて、顔がかわいくて、おつむも悪くない女の子がほしいんだ。おまえはこの条件にぴったりのようだな。え？』相手はぞっとするようなやつだったから、走って逃げだしたわ。吐き気がするほど醜い男よ。残忍な目でわたしを見ていた。お腹が出ていて、ひげはろくに刈りそろえてないの。すりきれるほど着古した汚いTシャツの下から、生白い肌が見えていた。すごくいやな匂いのする息をして、前歯が一本なくて、残りの歯はまっ黒。きっとめったに歯を磨かないんだわ。ママが酔いつぶれると、わたしは部屋に鍵をかけて閉じこもって、あの男が姉と自分に襲いかかってきたらどうしよう、とおびえていたわ。姉は十六だけど、とても弱い人なの。うちに来る男はみんな卑劣なやつだってことがだんだんわからなくなってきてたみたいだわ」

気まずい沈黙が流れた。わたしは励ましの言葉をさがしていた。

「でも、お父さんがいるでしょう！　そんなとき、お父さんはどうしているの？」

とたんに、自分が心ならずも彼女のデリケートな部分にふれてしまったのがわかった。

かわいそうなカミーユ！

「パパは、わたしたちがまだ小さいころ、出ていったのよ。子どもはいらないと考えていたのに、ママが二年の間にふたりも娘を生んでしまって、我慢しきれず荷物をまとめてあばよってわけ。それっきり、会ってないわ。ママがつきあってた腐ったやつらのこと、ここまで話したから言うとね、そのひとりが、ママが酔っ払った夜とうとうわたしの部屋に入ってきたのよ。勝ち誇ったように笑って、わたしの着ているものをむしり取ったわ。抵抗しようとしたけど、殴られたうえにすごい力でベッドに投げ飛ばされて、半分気を失ったの。殴られたときに歯が一本折れて、口の中で血の味がして、それがそのあとされたこと同じくらい苦しかった。ほんとに、ひどすぎる。彼は倒れているわたしをじっと見ながら、ごつごつした手でさわるのよ。終わると、こう言ったわ。『黙ってるんだぞ。さもないとおまえも姉さんも、生まれてきたのを後悔することになるからな。』

出ていった男は、隣の部屋でいびきをかいているママのところへ戻ったわ。ママは何があったか全然気づかないまま。わたしは走って部屋を飛びだした。からだのあちこちが痛かったわ。あいつが帰るまで、雑草の茂ったくぼ地にうずくまっていたの。その間ずっと、自分を汚く感じてた。からだを洗ってベッドにもぐりこめるなら、何を差しだしてもいいと思ったほどよ。家に戻ってみると、まだママは酔って寝てたわ」

彼女はいっそう血の気がひき、いま思い起こした恐怖に顔をゆがめていた。自分で話しながら、困惑しきっていた。少しおいて、彼女はつづけた。

「あるとき、わたしは男がわたしたち姉妹を苦しめるのに我慢できなくなって、こう叫んだの。『けがらわしい人ね。子どもに乱暴するなんて、自分で恥ずかしいと思わないの?』彼は言い返してきた。『口を閉じろ。さもないとこらしめるぞ。』わたしはつかまえられそうになったけど、途中でやめることなんかできなかった。彼が怒り狂うまで言いつづけたわ。『軽蔑するわ。虫酸《むしず》が走るほど嫌い。あんたなんかけだもの以下よ。ゴミよ。』

そのとき、ママが現われたの。お酒を飲んでて、あんまり意識がはっきりしてなかった。足もとがふらふらしてたわ。わたしたちの言い争いを聞いて出てきたのね。そして何か叫びながら男のところへ駆け寄った。顔をしかめて、ふうふうあえいでいたわ。わたしはてっきり、ママが助けに来てくれたと思ったの。でも、そうじゃなかった! 反対に、わたしを男のほうへ突きとばしたのよ。お酒でろれつの回らない舌で、何か言ったわ。もうわたしは、男とほとんど同じくらい、ママが憎くなった。わたしたちの不幸の原因をつくったのはママよ。許せない気がして、顔をひっぱたいてやりたいと思ったわ。わたしがあくまでも刃向かうつもりで無防備に進みでたとき、突然、男にお腹を蹴られたの。あまりの痛さにからだを二つ折りにして、床に茶色い液体を吐いたわ。持ちこたえようとしたけど、息が途切れて呼吸ができないの。これで死ぬんだと思った。男はさっき言われたことが癪《しゃく》にさわって、わたしを殺そうとしたのよ。逃げようとすると、興奮ですっかり頭がおかしくなったママが、わたしの後ろにまわってドアを閉め、部屋から出られなくした。わたしはとうとう、狂った大人ふたりにつかまってしまったのよ。男はわたしをからだごと持ちあげて、これ以上はないほどひどい折檻をしたわ。四方八方から、平手とげんこつで殴られた。頭もからだもたてつづけに。男のわめき声が、耳の中でがんがん響いた。『そうか。おれが嫌いか。さあて、これで嫌うだけの理由ができたわけだ。ゴミを怒らせるとどんな目にあうか、よくわかったろ？　これからは会うたびにこらしめてやる。よく覚えとけ！』

ママは守ってくれるどころか、わたしたちの喧嘩をおもしろそうに見てた。床の上でお腹を押さえて身もだえするわたしを見ながら、こんなことを言うのよ。『いいぞ、やっちゃえ。お尻をぶちなさいよ、跡なんか残りゃしないわ。』

ママは、わたしが男に殺されるかもしれないのに、それをわかってもいなかった。わたしは痛いのと何もできないのがくやしいのとで激しく泣き叫んだわ。男はわたしの泣き声に人が集まってくるんじゃないかと心配になったのね、腕をほどいてわたしを自由にしたわ。痛くて、骨が折れたかと思った。切れた唇からは血が出てた。打たれてあざだらけになった脚をかばって、這ってドアまで行った。ふつうに歩けることがわかると、部屋に閉じこもって鍵をかけたわ。力ずくでドアを破られはしないかと心配したけど、男は来なかった。鏡を見ると、顔がはれあがって鼻血が出てるの。横になってみると、からだじゅうがひどく痛くて、楽な姿勢が見つからなかった。ふと家出しようかと思ったけれど、あの恐ろしい二人のもとに姉を置きざりにすることはできないでしょう。だから、姉とわたしのためにいちばんいい結果になるように、時機を待たなくてはいけなかった。くたくたになり、痛みにすっかり参って、わたしは眠りについたわ。翌日ママの顔を見ると、何事もなかったみたいにけろりとしてるの」

「カミーユ……。つらい目にあったのね！」

「クロゼットの中で眠ったこともあるわ。寝ている間にさわられたり汚されたりするんじゃないかと心配だったの。一度なんか、まる一日以上もクロゼットに隠れて、男の様子をうかがってた」

「なんてこと！　でも、ねえ、どうしてお母さんはそんなことになってしまったの？　なぜ男のひと相手のことをするの？」

「なぜって、ママはもともとお金に目がないのよ。はじめは、さすがにためらっていたみたいだけど、そのうち何でもないと思うようになったのだわ。お金をいっぱいためるのが夢なの。やってみるとなかなかいい仕事で、すごくもうかるって言ってたわ」

このとき、わたしは初めて、カミーユのなかで何かがこわれているのを知った。それでも彼女は敵と格闘している。とりわけ最後の言葉には軽蔑と同時によるべない苦しみがこもっていて、わたしは胸を衝かれた。感情に負けないよう必死にこらえている彼女の喉からは、もうかぼそい声しか出なかった。

「いちばん怖いのはね、もしママにもう少し図太さがあったら、わたしたちをあのいかれた男たちに売っただろうっていうことなの。かわいそうに姉さんは、あいつらのひとりの不潔な手にかかったのよ。十六歳だった姉さんは、ある日、つづけて何度も犯されて、そのショックから立ち直れなくなったわ。襲われたとき、彼女は相手の男に思いきり嚙みつき、火かき棒をつかんでめちゃくちゃに叩いたから、男のほうはあちこちから血を流してた。そのあと彼女は家を飛びだして、まる三日、姿を見せなかったの。戻ったときはおびえきっていて、全然口をきかなくて、まるで、警戒して毛を逆立てた小猫のようだったわ。こういう騒動がたびかさなって、とうとう近所の人が行動を起こしたの。警察と役所の福祉課の人が、あの狂ったふたりからわたしたちを助けだしてくれた。ママはもう何度も警告を受けてるのに生活を改めなかったから、姉さんは専門の施設に預けられることになったわ。でも、たてつづけに受けたショックを乗りこえられなかった。いまも病気だし、ずっと回復しないままかもしれないわ。そしてわたしは、ここへ来たの」

カミーユがあんまり痛々しくて、思わず両腕に抱きしめた。守ってあげたい気持ちで胸がはちきれそうだった。状況はちがうけれど、わたしたちは同じ不幸の犠牲者なのだ。ふたりとも、背中に重い十字架を負っている。

「ママはわたしたちの人生をめちゃめちゃにしたのよ。ママの過ちで姉さんはおかしくなったのよ。それを今になって、手紙で許しを乞うなんて。だけど、姉さんが今苦しみ、これからもずっと苦しみつづけることに対して、誰が許してもらえると思うかしら？　姉さんは残りの人生を、病室から一歩も出られずに暮らすのよ。許したくない。そんなのできない相談よ。わたし、ママが憎い。いっしょに暮らすなんて絶対いや。いっそ姿をくらまして、誰にも見つからない場所へ行くわ」

話し終えた彼女も、わたしも、涙をこらえきれずに泣いた。わたしは鼻をすすりながら、ポケットからハンカチを取りだして、言った。

「怖かったでしょうね、カミーユ。ひどい人たちにかこまれて、すごく心細かったでしょうね。わたし、自分が恥ずかしいわ。よく泣きごとが言えたものだと思う。わたしの人生には、そこまで深刻なことは何も起こってないんだから。からだの傷はいつか消えるけど、心に刻まれた記憶は、そうはいかないもの」

「力づけてくれてありがとう。あなたと話して、なんだか元気が出たわ。いい友だちをもって幸せよ」

彼女はドアに手をかけ、最後にもう一度わたしを見て、出ていった。残されたわたしは物思いに沈んだ。いままで、あんなに痛々しい秘密を守りとおし、自分の性格の一部しか、つまり勇気しか見せなかったカミーユのことを思うと、また涙が浮かんできた。どんなにたくさんの人々が、かつての恐怖におびえ、いまも生々しくよみがえるその記憶に苦しみながら、固く握りしめた手をポケットの中に隠したままでいることか。

わたしは窓辺にすわり、ゆっくりとたそがれに包まれてゆく通りを見つめ、自分はいつどんなふうにここを出るのだろうと考えた。カミーユが味わった恐ろしい経験のことを反《はん》芻《すう》し、それにくらべればわたしがママから受けた折檻なんかたいしたことじゃない、と思った。いつかカミーユと別れることになるかもしれないと思うと、不安でたまらなくなった。やがて、暗い考えを振り払って、こんなに気をもむくらいならその大切な友だちを探しにいこう、と立ち上がった。家庭への復帰は、先生たちが認めないはずだ。だけどカミーユがこんな目にあうのはかわいそうでしかたがない。裁判所の決定が下るまで、彼女をしっかりささえてあげよう。

時は過ぎ、カミーユはわたしたちのもとに残った。

第九章

一九六六年七月

生まれてはじめて、わたしはヴォージュ山地でひと夏を過ごすことになった。学校をはなれて過ごす最初の夏休みだ。嬉しかった。冒険といってもよかった。それに、この地方に親しみ、美しい風景に浸り、その奥深い魅力を体験できる願ってもない機会だ……。

長いことバスに乗って、やっと目的地に着いた。陽気に押しあいへしあいしながら、わたしたちは先を争ってバスから降りた。笑い声や友だちを呼ぶはずんだ声とともに人波がすぎるのを待って、わたしも小さな旅行鞄を手に外へ降り立った。すてきな場所だった。農場だった土地に低い石垣がめぐらされ、保養施設になっている。敷地の入口には緑色の柵があり、この「村」の名前を大文字で掲げている――「休暇村みどりの牧場」。

今日から過ごすことになるこの緑に恵まれた場所にぴったりの名前だった。そう、これはわたしにとって最初の夏休みなのだ！　夏の遠足なんて、これまで一度もなかった。わたしが施設に来てから、全校生徒みんなで泊まりがけの旅行をするようなことも、まったくなかった。それが、去年の夏、学校のトップと経理部門がこの地所を手に入れて、わたしたち恵まれない子どもが利用できる宿泊施設をつくってくれたのだ。わたしは真ん中の並木道をゆっくりたどってみた。地平線にはモミの林が広がっていた。あたり一面、まばゆい金色の光につつまれている。日に暖められた土の匂いがそよ風に運ばれてくる。石垣をこえると中庭があって、漆喰の白壁に、針葉樹が緑のアクセントをつけていた。そんな緑の宝石箱にしまわれた宿舎には、ロマンチックな恋を秘めたお屋敷の雰囲気があった。正面のドアは鎧戸と同じく青かったが、いっそう派手な青だった。二階から上には、切妻の内側におさまる形で、仕上げの美しい、緑と黄に塗られたバルコニーがあった。偵察を終えて、みんなのところに戻った。わたしたちの到着にあわせて窓という窓を開け放った建物の中に、いよいよ案内された。入ると、すぐ左手に、机がコの字形に並べられていて、まわりに木の長椅子が置かれていた。部屋のあちらこちらに、素朴な花束が飾ってある。年下の子たちの寝室は二階で、窓から森が見える、明るくて風通しのいい大部屋だった。ここには白いベッドが二〇ほど、きれいに並んでいた。どのベッドの上にも、小物をのせる棚と、衣類を入れるクロゼットがある。右手のひとまわり小さいスペースがシャワー室だった。洗面台がずらりと横にならび、シャワーが六つとトイレがあった。いたるところに衛生面の配慮がなされ、このシャワー室にも消毒剤の匂いがして、いかにも清潔そうだった。もてなし役の女のひとが教えてくれたとおり、三階は年長の生徒たちにあてがわれ、てっぺんの、もとは鳩小屋だった場所も、ベッドが四つある寝室に改造されていた。一目見て、わたしはここが気に入ってしまった。滞在中のわたしと友だちの住み処は、ここしかない。監督係の先生はわたしの願いを聞き入れてくれた。

この鳩小屋からは、山々の峰やモミの林など、遠くの景色を一望することができた。この階には、先生たちが泊まる、机が置かれた小さい部屋があり、専用のトイレもついていた。二階の食堂の奥には、スポーツ室に作りかえられた部屋があった。卓球やサッカーゲームなど、さまざまな遊びができるようになっている。雨の日には工作室にも映写室にもなる部屋だった。宿舎の見学がすむと、わたしたちはさっそく各自のベッドに落ち着いた。ルームメートはカミーユと、カトリーヌと、いつもわたしたちの後について来る年下のソフィーだった。自分の意志で寝場所を決めることができたのは初めてなので、嬉しかった。わたしは屋根の傾斜の下のいちばん奥まった場所に目をつけて、そこに自分の巣をこしらえた。食堂では、農場風のおやつが待っていた。濃い牛乳とチーズとパン、そして特産の果物。ちょっとしたごちそうだ。それからわたしたちは玄関前に集合し、「森の不思議を発見する」ため、初めての散策に連れていかれることになった。みんな陽気に列をくずしながら、ヴォージュ山地のいろいろな植物を見て歩いた。たくさんの色彩とかぐわしい匂いがわたしたちを包んでいた。帰ったらノートを見つけて、りっぱな押し葉の標本をつくっておみやげにしよう、と思った。数キロ進んだところで、快い疲れを覚えながら、わたしたちは引き返した。

夜、キャンプファイヤーをかこんで歌を歌い、ダンスをした。みんなの笑い声がやさしい調べのように耳に響いた。カミーユは生きる気力を取り戻していた。判事さんの決定で、彼女の母親はまず生活が改善された証拠を示さなくてはならず、おかげで、カミーユは自宅に引きとられる不安から解放されたのだった。ほっとした彼女に笑顔が戻り、いまでは元気に笑ったり歌ったりできた。部屋に引きあげると、ベッドから、天窓ごしに、きらきら光る点々でいっぱいの星空が見えた。まだ火のまわりにいる人たちの声を子守唄のように聞きながら、少しずつ深い眠りにおちていった。

明け方、早くめざめたわたしは、夜の闇の名残が朝日のなかに少しずつ薄らいでいくのを見ることができた。地面から蒸気がたちのぼるように、細い雲が空いっぱいに広がっている。小鳥があちこちで目をさまし、さえずったり鋭い鳴き声を上げたりして、日の出にあいさつしている。きっとすばらしい一日になるだろう！　あたり一面、まばゆかった。すべてが、昨日よりさらに美しく見えた。やがて宿舎に物音がしはじめ、生徒たちの笑い声が響いてきた。また目をつぶり、しばらくそんな物音に聞き入っていたわたしは、突然の大声に驚かされた。

「ほら、起きなさい、ねぼすけたち。起床時刻よ！」

新しい一日を早く始めたがっているカミーユは、もっともらしい理屈を持ちだす。

「眠るっていうのは、取り返しのつかない時間のロスよ」

ちょっと間をおいて、わたしは片目をあけた。彼女は笑いだして、毛布を引っぱり、わたしをベッドから追い出そうとする。そして、白いレースのネグリジェに足をからませながら、こちらに突進してきた。

「はやく起きてよ。狼《おおかみ》みたいにお腹ぺこぺこなんだから！」

「ふうん。じゃ、狼がどんなお腹の空きかたするか、知ってるの？」

「知らないわよ。とにかく、すぐ起きてくれないと、わたし一人で朝食に降りてくわよ」

「わかった。いま起きるから、服を着る時間をちょうだい。あなたもそうした方がよさそうよ」

「覚えてる？　今日は、午後となりの村へ行ってサーカスを見るのよ」

「なんだか夢みたい。この夏休みは、遊ぶことだけ考えてればいいんだから。掃除当番も罰もない。食事の時間を守って、部屋をきれいにして、ベッドを整えるだけ」

「ほんとうね。わたし、こんな楽しい夏休みを過ごすときが来るなんて思ってもみなかった」

朝食のテーブルにつくと、厨房《ちゅうぼう》のおばさんがパンとバターとジャムを目の前にたっぷり置いてくれ、それから調理場に戻っていった。食べ終わってから、外を少し歩いた。朝露にぬれた草から、いい匂いが立ちのぼってくる。風から身を守るように、大きい葉の下に縮んで反りかえっているちっちゃな花を見つけ、驚いて足をとめた。午前の時間はずっと、笑ったり元気よく遊び戯れたりして過ぎていった。日当りのよいテーブルで絵を描く者もいれば、バドミントンや縄とびをする者もいた。お昼には食べきれないほどの食事が出て、みんないい気分で空腹を満たした。そのあと、先生たちから、午後の外出についてくわしい話があった。

「これから、村へサーカスを見に行きます。ここから二〇キロほどのところにある村で、二台のバスに分乗して行きます。現地では、はぐれないようにグループで行動してくださいね。仲間が全員いるかどうか互いに注意し、もし五分たっても仲間の居場所がわからなかったら、バスの前に戻るように。サーカスが終わったら駐車場に集合です。晩には夜の集いがあります。昨日につづいて、キャンプファイヤーをかこんで歌やダンスを楽しんでもらいます」

午後二時、バスは出発した。うっとりするような小さい湖が窓から見え、湖畔では子どもたちが遊んでいた。わたしたちは思いつくままにいろんな歌を歌い、両手をたたいて拍子をとった。山々に囲まれた町、サン＝ディエの広場に、いつのまにか到着した。カミーユは、あたりの様子にすっかり目を奪われている。実際、そこはほんとうにすてきな場所だった。わたしたちは急いでみんなの後を追った。おおぜいの人が、すでに入場券売り場の近くで開場を待っていたからだ。スピーカーからはウェスタンの音楽が流れていた。

わたしたちは入場無料ということになっていて、まっさきにテントに入った。演《だ》し物を隅から隅まで見られるように、わたしは人数分の、できるだけいい席を探した。

みんなで舞台正面のベンチに落ち着いた。一列目から四列目まで、わたしたちの集団が占領した。観客席は少しずつ埋まっていった。たいへんな人数だ。三時きっかりに、ファンファーレとともにピエロたちが登場して、歓声がわきおこった。ピエロたちは押しあいへしあいしながら跳ねまわり、みんなを喜ばせるために背中をどすんと叩きあう。観客の大きな笑いに、テントの中がどよめいた。つづいて、水鉄砲で水をかけあい、千鳥足で歩き、靴を引きずりながら内股で歩き、床にのびて起きあがるのに苦労し——といったぐあいにおかしな光景が繰り広げられ、幼い子どもはとくに、ピエロが何かしでかすたびに無心に喜んでいた。次に登場したのは少女だった。身につけたレオタードには色とりどりのスパンコールがきらめき、帽子には羽飾りがついている。少女は、走っている美しい白馬の上に立ったまま舞台の周囲をまわり、馬から落ちる危険を冒しつつ、曲乗りを披露した。片手を支えにして、鞍《くら》の一方から他方へと両足をそろえて行ったり来たりさせる、危険な演技だ。観客全員が、その巧みな技と勇気に圧倒され、息をつめて見守った。演技を終えると、馬と少女はこちらにあいさつしながら、後ずさりで退場した。それから、曲芸師、軽業師、綱渡りの人たちが、それぞれ見事な芸を披露した。しばらくして、細かく連打される太鼓の音とともに、空中ブランコの人たちが舞台に上がった。場内は水を打ったように静かになった。誰もが固唾《かたず》をのんでいるのがわかった。金と赤の衣裳を身につけた男性がふたり、若い女性がひとり、スポットライトを浴びて進みでた。観客に一礼すると、彼らは長い縄ばしごを、空中ブランコのある所までのぼっていった。わたしは、テント全体を支配する張りつめた空気と興奮にとらえられて、胸がどきどきした。三人が同時に行なうその演技は、スリル満点だった。てっぺんに着いた彼らは、テントの右から左へと空中を舞い、下に落ちそうになる最後の瞬間、ぱっとブランコにつかまる。はらはらしながら見ているうちに幕となり、いっせいに拍手が起こった。フィナーレに再びピエロたちが現われて、観客からさかんな喝采を浴びた。終演を迎え、満場の拍手がテント全体を揺るがした。カーテンコールが五回を数えて、ようやく会場の人々は少し落ち着いた。やがて、観客はがやがやと出口のほうへ引きあげていった。わたしたちは動物の檻《おり》のそばに行ってみた。檻の中にはライオン、サル、小馬、象、そしてクマがいた。いよいよ帰りのバスに乗るときがきた。バスの中で、みな口々にサーカスの感想を言いあった。曲乗りの少女と馬が気に入った者もいれば、ピエロがよかったという者もいた。わたしは、観客を楽しませるために自分の命をかける、あのサーカスの人たちの勇気に感心していた。

その夏は、例年にない暑さだった。くる日もくる日も、雲ひとつない空を、輝く太陽が東から西へ駆けぬけた。毎日何かしら新しい発見があった。いろんなことが次々と、目のまわる速さで過ぎていった。いままでこんな幸せだったことはないと思うほど、わたしは幸せだった。ときおり庭のはずれにすわりこんで、ちょろちょろと流れる小川の川面に空が映っているのをながめた。わたしは、モミの木の枝で小鳥が鳴きかわすのを聞きながらひとりで過ごすこの時間が好きだった。ミツバチは白い小さな花のうえをぶんぶん飛び、わたしはどこへともなく、心をさまよわせた。

子どもなら誰しも、木陰に秘密の小屋をつくってみたいと思うのではないだろうか？翌日わたしたちは、樹齢百年はたっている柏の木の根元にそんな小屋をつくるため、必要な材料をかき集めた。古いのこぎりで壁用の板をそろえ、地面には、担任の先生が貸してくれた絨毯《じゅうたん》をしいた。わたしたちのグループが誇る達者なデザイナーたちが、室内の壁の飾りつけを引き受けた。わたしはカミーユと近くの野原へ花を摘みにいき、残ったメンバーに椅子と小さい机を見つけてもらうことにした。日暮れどき、小屋はすっかり整った。
この小屋は、林間学校が終わるまで、わたしが文章を書いたり、創作したり、空想にふけったりしたいときにやって来る秘密の場所になった。わたしは、雄大な眺めと同時に、気持ちを集中するための静寂も得られる、この木の中の隠れ家が好きだった。日記をつけようと決心したのも、ここなのだ。わたしはその日記に、日々あったことを記録し、思ったことを書きとめ、ずっと取っておこうと決めた。日記帳の扉に、こんな詩を書いた。

古い柏の木

庭のはずれで眠っている
昔からある柏の木の陰まできて
わたしはわたしをしばる喜びや悲しみを
荷物みたいにおろした
柏の枝の下で　かわいいツルニチニチソウが歌っていて
わたしは物想いにふける

そのがっしりした幹の根元に
苔のじゅうたんをしいて
気持ちいいすみかをつくる
長い年月でできた樹のうろの中は
まるで大きな絵本みたい
このすみかのベッドにねころんで
わたしは打ち明け話をしよう
友だちになってくれた柏の木に
庭のはずれで眠っていた柏の木に

緑深いすてきなヴォージュ山地。わたしはその丸みのある山々を見晴らし、鱒《ます》の泳ぐ川のほとりを、そして冬には雪化粧する野を歩いた。ときには、牝鹿や野うさぎが下草の中を飛びはねるのに出会った。夕暮れ、散歩の帰りにホタルをつかまえて、懐中電灯のかわりにしようと持ち帰った。もちろん、うまくいかなかった！　モミの林の中を歩き、湖をひとめぐりし、晴れた日に湖岸でさっと水浴びするのが、わたしは好きだった。バスで訪れたスノーヌ、ジェラルメの町と湖、バカラのガラス工場、そしてピエール＝ペルセ湖のことを、いまも思い出す。どれも、記憶にしっかり刻まれた思い出だ。

晴れやかな笑いにいろどられた忘れがたい一か月だったけれど、物悲しく感じたときもあった。ちょうど、自分の意志で一時的に静かな環境にとじこもった人のように、わたしはあと幾日で帰ることになるか数えていた。この滞在が終われば、来年まで、わたしの心を暖めてくれるものは思い出だけになってしまうのだ……。

第十章

一九六六年八月

ストラスブールに戻るのは、施設に閉じこめられに行くようで、気が進まなかった。でも、戻ってみると思いがけないことがふたつあった。第一に、わたしたちのグループに新入生が入ることになった。その子は昼食の時間に現われるという。第二のニュースはわたしたちを大喜びさせた。新学期からは、毎週木曜日の午後三時から五時まで、わたしたちは二人一組で、付添いなしで、街に出てよいというのだった。集会室はみんなの歓声につつまれた。礼儀作法と時間配分についての注意はあったものの、学校側がわたしたちを信頼して自由を与えてくれたことは、ものすごく嬉しかった。みんなが昼食の席につこうとするころ、エレーヌ先生が、年若い女の子を連れて入ってきた。

「新しい仲間、ジュスティーヌを紹介します。ジュラ県の出身で、お母さんが退院されるまで、あなたがたのもとで過ごす予定です。カミーユとジョジアーヌの部屋の隣がいま空いているから、その部屋を使ってもらいます」

食堂は静まりかえり、みんなの視線が入口のほうに集まった。ジュスティーヌは背筋をぴんと伸ばして立っていた。ほっそりしたからだつきで、脚もすらりとしていたけれど、わたしたちよりずっと年下に見えた。白のブラウスと、マリンブルーのプリーツスカートを身につけていた。目をくもらせていた涙が、しずくになってゆっくり頬を流れた。彼女がとても悲しんでいるのが、わたしにはわかった。その一瞬、長いまつげに縁どられたハシバミ色の目がわたしを見、お互いの間に電流のようなものがながれた。気づいたカミーユが、ひじでそっとわたしを押した。相手がカミーユでなかったら、嫉妬からそうしたとここで書いてしまったことだろう。しかしカミーユは、そんなおとなげない反応をする子ではなかった。どこまでも温かくてやさしいその心に、嫉妬が入りこむ余地はないのだ。

しばらくしてエレーヌ先生が言った。

「ジュスティーヌ、席について食事をなさい。あとでまた会いましょう」

わたしたちのテーブルに空席がひとつあったので、彼女はそこにすわった。お喋りがはずむ食堂の中で、彼女ひとりじっと黙り、フォークを機械的に動かしては、フライドポテトをひとつ、インゲン豆を一本というふうにつまんでいた。食べるというより、まずそうに口に運んでいる感じだった。食事を終えると、わたしは、遅れている数学と国語の勉強をするため部屋にあがった。今すぐ始めて、夕暮れ前に庭をひとまわりする時間をつくろうと思った。教科書にとりくんでいたわたしは、隣の部屋の突然の物音に飛びあがった。ドアに駆けつけてみると、ジュスティーヌが、ショーツとブラジャーだけのかっこうで部屋の真ん中に立ちつくしていた。絶望し、おびえきった様子で、足元に散らばった磁器の破片を見つめている。

「わざとやったんじゃないの」と彼女は哀れな声で言った。「落っこちたの。わたし不器用で、すぐ物を落としてしまうの。このキャンディ入れは、ひとつしかないおばあちゃんの形見だったのに。もう、わたしには何も残ってない」

みるみるうちに、彼女の目から涙があふれでた。わたしは駆け寄ってなぐさめた。

「そんなのたいしたことじゃないわ、ジュスティーヌ。おばあさんの思い出は、あなたの心の中にあるのよ。ものには何の値打ちもないわ。さあ、お願いだから涙をふいて」

わたしには、確かに、人をなぐさめずにいられない傾向があった。苦しんでいる人がいると、見て見ぬふりなどできない質《たち》なのだ。わたしは彼女のベッドに腰をおろし、静かに話しかけながら、彼女を落ち着かせようとした。新入生にとって、住み慣れた家から施設に連れてこられ、施設の生活になじむのは、生やさしいことではない。それでいっそう、誰からも見捨てられた気持ちになってしまう。わたし自身、来たばかりのころ同じ経験をしたから、彼女のことがすごくよくわかる。立ち上がって、宿題の残りをかたづけるため部屋に戻ろうとしたはずみに、彼女の背中に手が当たった。彼女は小さく叫んだ。

「ジュスティーヌ、だいじょうぶ？　いまの痛かった？」わたしは心配になって訊いた。

そのとき、彼女の背中いちめんに、あざや内出血の跡があるのに気がついた。

「ちょっと、その背中ひどいわね」わたしは驚いて言った。「いったいどうしてそんなひどいことになったの？」

彼女は椅子の背もたれにかけてあったTシャツに飛びついて、すばやく首を通した。

「こないだ木にのぼってたら、うっかり落ちて」と彼女は言った。「そのとき、枝で背中をこすったの」

それを真に受けることはできなかった。彼女の口調にはかすかなためらいがあり、嘘をついているのは間違いなかった。でも、彼女をいま以上に苦しめてはいけない。わたしはこれだけ言った。

「保健室へ行かない？　看護婦さんはとってもやさしい人よ」

「ううん、いいわ。もうほとんど痛くないし、背中はじきに治るから。わたし、人から注意を向けられるのがいやなの。気づかってくれるのは嬉しいわ。でもほんとにだいじょうぶ。勉強が遅れないように、戻って宿題をかたづけて」

わたしには、いまは長い袖にかくれている彼女の腕の青あざが、木から落ちたためではなく殴られてできたものだという確信があった。自分でけがをしたというのが本当だとしても、見るからに痛々しい無数の打ち身やかさぶたは、それだけが原因とは思えない。ジュスティーヌの説明は筋が通らないし、その不自然な態度が、嘘を言っている何よりの証拠になっていた。本当は何が原因なのか、彼女は恥ずかしくて言えないのだ。でもわたしには、もうわかっていた。彼女の力になりたいと思った。

「わたしに遠慮なんかすることないわ」彼女を安心させるつもりで、そう言った。

ジュスティーヌはずっとドアのそばに立ったまま、おびえた表情でこちらを見ている。

わたしは静かに近づいて、話をつづけた。

「わたしとカミーユの友だちになってくれない？　あの子とは親友なの。でもね、わたしたちの気持ちの中には、友だちをもうひとり支えるくらいの余裕はあるわ」

彼女は黙ってはいたけれど、わたしの言葉に強く心を動かしてくれたようだった。わたしは彼女の目をまっすぐ見ながら付けくわえた。

「いつでも好きなときに、わたしかカミーユに会いに来るといいわ。苦しい時期を乗りきれるよう、わたしたちが手助けするから」

新入生のジュスティーヌにとって、まだよく知らないわたしを信用することは簡単ではない。へたに急《せ》きたてると、彼女は逃げてしまいそうだった。それでわたしは辛抱強く構えることにして、穏やかな言葉で、打ち明けてくれても心配はないと説得してみた。これはなかなか大変だった。彼女が他者との間につくっている壁をこえられるものは、惜しみない愛と思いやりだけだろう。

「いらっしゃい、ジュスティーヌ」わたしは彼女の手をとって言った。「さあ服を着て。いっしょにカミーユのところへ行きましょう。宿題は夜かたづけるわ。気分を変えて庭を散歩するのが、からだにいちばんいいのよ。そうだ、とっておきの場所を教えてあげる。ほとんど誰にも知られていない秘密の場所なの」

わたしは若かった。それでも、ずっと前から、精神的に落ち込まないためには良い友だちが必要だとわかっていた。無気力な悲しみに閉じこもっていてはいけない。彼女はやっと納得し、わたしの後についてきた……。その夜はなかなか寝つかれず、睡眠不足のまま朝を迎えた。起きあがって、昨日からのことを思いながら窓の外を見ると、空に重い雲がたれこめている。まるで悲劇の前兆のようだ！　きっとジュスティーヌも、わたしたちひとりひとりの胸にあるのと同じ不安を抱いていることだろう。将来についての説明をはっきり聞かせてもらえないこの施設に置かれてしまったいま、彼女の身の上はどうなるのだろうか？

これまでの歳月を通じて、シスターたちは教育に厳格にのぞみながらも、それなりにわたしたちを愛してくれていることが、わたしにはわかっていた。二百人もの子どもを相手に、感傷にひたってなどいられないだけなのだ。彼女たちが感情に身をまかせることはとてもめずらしかったし、そんなときでも、わたしたちに気づかれることはけっしてなかった。彼女たちがそろって修道服に身を包み、ヴェールで顔の大部分を覆いかくしているのを見れば、ここに来たばかりの子が、相談するより黙っていようと思うのもうなずける。まったく、どうしてあの人たちはあんな、人をはねつけるような陰気な服を着ているのだろう？　あれではわたしたちと同様ジュスティーヌも、シスターの誰かに悩みを打ち明ける気になんかなるはずがない。担任のエレーヌ先生が修道女でなくてよかった。わたしから見てエレーヌ先生はやさしくて近づきやすく、気軽に相談できたし、答えを聞かせてもらうこともできた。朝食後、カミーユが食堂のかたづけ当番でまだ部屋に戻っていなかったとき、ジュスティーヌがたずねてきた。彼女の顔からは、自分の不幸を隠しきれなくなったこと、その重荷から自由になりたがっていることがうかがえた。しばらくとりとめのない話をした後、とうとう、彼女は苦悶を打ち明けた。

「ねえジョジアーヌ、話を聞いてほしいの。この重荷をわたしひとりの胸にしまっておくのは、もう限界なの。わたし、あなたたちのところに残りたくても、きっとここにはいられない。ママのけがが治れば、迎えに来られちゃうわ。わたし、血のつながってないパパが飲むお酒を毎日買いに行かされるの。パパはビールがなくなると手がつけられなくなって、ママに当たり散らすの。ママはパパにぶたれても、全然抵抗しないのよ。入院したのもそのせいなの。パパに殴られて、鼻と、指を二本、骨折したのよ。お酒がきれると、あの男のひとものすごく乱暴になって、わたしまで痛い目にあうの。どうしてママがいつまでもあんな乱暴な人と一緒にいるのか、わからないわ」

打ち明けながら、彼女が不安を新たにしていることが、表情にはっきり表われていた。その身の上に、わたしは胸が痛んだ。ここにもまた、大酒のみの男とその言いなりになっている母親のもとで、おとなの身勝手な乱暴に耐えている子どもがいる。彼女の母親が娘を愛しているのは確かだ。にもかかわらず、男に対する激しい恐怖のために、彼女を守ることができなかったのだ。ジュスティーヌは、これまでになく不安で苦しげな顔をして、言った。

「わたしね、ママが病院に運ばれた後、すぐに家を飛びだしたの。あんまり恐ろしくて、家に残ってなんかいられなかった。結局、警察の人に見つかって、ママがよくなるまでここに預けられることになったのよ」

少しずつ、ジュスティーヌは緊張を解いていった。人と接することが怖くてたまらないと言う。彼女の三つ年下の弟ブリュノも、義理の父親から殴られていた。姉と弟は、親の時代遅れの方針にしたがって、とても厳しく育てられたそうだ。父親の考えでは、家をきりもりし、男に奉仕するのが女の役割だった。それで、よい花嫁、よい主婦になるように義理の娘を教育することを自分の義務と考えていた。いっしょに住むようになってからはずっとそんな調子で、料理、掃除、裁縫と、何でも母親の手伝いをさせられた。映画やテレビは子どもに悪い考えを吹きこむだけだし、読書は無駄な暇つぶしでしかない、と決めつけていた。娘の自由時間を埋めるために、わざわざ庭仕事や大掃除を言いつけた。

こうしてジュスティーヌは、家事に明け暮れる成長期を送り、友だちと遊んだり本を読んだりする時間を持たなかった。彼女は社会から締めだされ、取り残された人々のひとりとして、わたしの想像以上に苦しく耐えがたい境遇を生きてきたのだった。この先、彼女をとりまく状況がよい方向に進んで、彼女の心に生きる喜びが戻ることを、わたしは願った。

それまで、当分の間、ジュスティーヌはわたしたちと生活をともにすることになるだろう。

一九六六年九月

宿舎中が興奮にわきたっていた。わたしたちは新学期の喜びを心ゆくまで味わっていた。廊下では元気よく走る足音がひびき、みなそれぞれ新しい服や文房具をそろえていた。送迎バスの到着を二十分後にひかえ、わたしは鞄の中身を詰めおえた。なつかしい通学路をたどって去年の仲間と再会するのが嬉しかった。クラスメートとは夏休み中ずっと会っていなかったから、さびしく思っていたのだ。今日のために、わたしは胸に花模様の切替え《ヨーク》布のついた、いちばんきれいなワンピースを選んだ。ウエストから下がすうっと広がっていて、栗色の革靴とよく合っていた。髪は留めずに肩に落として、すっかり準備をととのえ、わくわくしながら登校時刻を待った。出発の鐘が鳴って、みんな玄関口へ急いだ。バスに乗りこんだとき、心地よい陶酔と解放感をからだじゅうで感じた。付添いも、わずらわしい規則もないというのは、本当にすばらしい！ 学校《リセ》の前では、すでに十人ほどの少女がポーチの下で友だちを待っていた。久しぶりに会うクラスメートたちは日に焼けた顔でわたしとの再会を喜んでくれた。立ち話をつづけているうちに、鐘が鳴った。わたしたちは教室に入った。今年度からカミーユは別の課程をとることになったが、そのかわりジュスティーヌがわたしの出る授業に加わった。彼女がわたしの隣の席になったのが嬉しかった。やっぱり学校はいい。鞄の革も、ワックスがけした木の床も、なつかしい匂いがする。わたしのクラスには、新しい生徒が何人もいた。その子たちが紹介された後、時間割と、校則と、先生方の名簿が発表された。名簿には、去年習ったことがある大好きなふたりの先生の名前もあった。その日のおしまいに、新しい体育館を訪れた。床運動用の青いマット、鞍馬《あんば》、壁づたいに置かれた肋木《ろくぼく》、クライミングロープ、平行棒、そしてトランポリンなど、さまざまな体操用具がそろっている。もっともわたしにとって体育は好きな科目ではなく、恥ずかしくない程度に何とかこなしているにすぎなかったけれど。放課後、カミーユをはじめ仲のいい友人たちに会った。夏休みの話に花が咲き、帰りのバスではいちばん後ろの席を占領した。運転手さんはわたしたちのお喋りにうんざりしたにちがいない。わたしたちが降りるとき、ため息まじりにこうつぶやいたから。

「やれやれ、助かった」

運転手さんは満面に笑みを浮かべて「さよなら」と叫び、間髪を入れずドアを閉めた。外に降りたって数歩進んだとき、茂みから、子どもが助けを求めるような物悲しい鳴き声が聞こえてきた。とたんに、胸をしめつけられる感じに襲われた。どんな生きものが苦しむのも、わたしには耐えられなかった。鳴き声のするほうへ近づくと、テープでとめたボール箱があって、ふたが少し動いていた。午後五時近かったけれど、空はまだ明るかった。

あたりには、草を刈ったあとの匂いと、湿った土の匂いが漂っている。箱を開けてみると、かわいい子猫が一匹、せいいっぱいの声でみゃあみゃあ鳴いていた。丸く縮めたからだは白い縞のあるベージュで、目は青く、しっぽは金色だった。子猫を安心させるため、わたしは手のひらでお腹をそっと撫で、それから腕に抱いた。じゃまになったからといってペットを捨てる人たちには、重い罰金をかけてほしい。

少し寄り目になって、子猫はわたしを調べるようにじっと見ていた。落ち着きのなさや行儀の悪さから考えて、雑種の猫にまちがいない。あくびはするし、しっぽを絶えず動かしていた。昼食で残ったハムのかけらをやると食べ、いったん姿勢をまっすぐにしてから、ほっとしたようにわたしの腕で眠りこんだ。

「ジョジアーヌ、その子をどうするつもり？」とカミーユがたずねた。

「それよ、問題は。正直言って、わたしにもわからないの。施設の中で動物を飼うのを先生が許してくれるはずないし。わたしたち、この子に安全な居場所を探してやらなくちゃ。そして、毎日欠かさずえさをあげるのよ」

「名前つけてあげたら？」とジュスティーヌが言った。

「うん。毛並みの色をとって『シナモン』にするわ。敷地のどこかに、飼う場所を見つけましょ」

「木のうろに小屋を作りましょうよ。煉瓦塀のそばに、ちょうどいい木が一本あったわ。あそこなら人目につかないし、寒さもしのげて、暖かく過ごせるはずよ。食事のたびに残りものが出るから、それを隠しておいて、誰かひとりが持っていくことにすればいいわ」

施設に着くと、わたしたちはボール箱を木立の下に隠してから、鞄を置きにいったん部屋に戻った。食堂のおばさんから、猫の家にぴったりの古い木箱をもらい、それを庭の一角に置いて、底に着古しのニットを敷いた。猫が自由に出たり入ったりできるよう、ふたのようなものも作った。もし猫が満足すれば、ずっとここにいてくれるだろう。冷蔵庫の中をひとわたり調べると、ハムが少しと、朝食で残った牛乳が見つかった。こっそり持ち出してみんなで庭に戻ると、箱の奥で眠っていた猫は、わたしたちの足音に目をさました。食べものに飛びつき、あっという間に平らげてから、カミーユの靴ひもにじゃれつき、ジュスティーヌの親指を軽くかんだ。つまり、子猫はわたしたちを受け入れたのだった。三人でしばらく猫と遊んだ。立ち去るまえに、誰かがこのあたりを散歩しに来ても見つからないよう、小屋を木の小枝で覆った。宿題をする時刻が近づいて、わたしたちは部屋に戻った。朝まで子猫がいてくれるかどうかは、明日のお楽しみだ。

シナモンは逃げなかった。枯木の根元にこしらえた小屋の中で、平和な日々が過ぎていった。

レコード盤みたいな太陽が、樹木の枝々を浮かびあがらせながらゆっくりのぼり、垣根の影を短くしていった。わたしたちは上機嫌で、のびのびしていた。秋の晴れ渡った日曜日、森を散策することにした。小道づたいに、この土地特有のとげの多い植物やいばらをかき分けて進んでいった。しばらくすると、水のせせらぎが手に取るように聞こえてきた。さらに行くと、靴をぬいでつかりたくなるような小川の岸に出た。日はまだ高く、戻る距離を考えても、時間はたっぷりあった。わたしたちは水に入って遊び戯れながら、気持ちよい午後を過ごした。森が暗い色を帯びはじめるころ、わたしは出発の合図をした。みんなだいぶ疲れていた。

どこをどうまちがったのか、わたしにはわからなかった。来るときに通った道が、どうしても見つからないのだ。日がどんどん暮れていく。三人とも青ざめた。何の物音も届いてこないこの広い森に取り残されて、わたしたちは言いようのない恐怖を感じた。わたしはみんなの先頭に立って、言った。

「何とかして、来たときと同じ道に戻らないといけないわ。手がかりを探すのよ。わたしたち、足跡を残してるはずだし、通るときぶつかって折れた枝があるかもしれない。ほら、もう少しがんばろうよ。もうすぐ日が暮れるわ」

希望がなくなるにつれて疲れが増し、わたしたちの歩みは遅くなった。日は傾き、心細いだけでなく恐ろしくなってきた。しかも、もう長いこと食べものも飲みものも口にしていない。わたしは、誰かが助けに来てくれるように、さもなければ森を出る道に導いてくれるように、神様にお祈りしていた。突然カミーユが足をとめ、木の切株にすわりこんだ。

「森の中で夜を明かすことになったらどうしよう？」

「心配しないで。助かるにきまってるわ。さあ歩こ、急がないと夜になるわ」

しかし、あっという間にあたりは暗くなり、もう右も左もわからなくなった。とほうもない恐怖が襲ってきた。ちょうどそのころ、寄宿学校ではわたしたちの捜索を始めていた。おおぜいの人が森をくまなく探しまわっていたのだ。だいぶたってから、人の声が聞こえ、つづいてほのかな光が見えた。助かった！　わたしたちは救援の人の腕に飛びこんだ。けがひとつなく危険を切り抜けられたことが嬉しくて、罰が下ることを忘れていた。

「あなたがたはこの気晴らしがどういう結果になるか考えず、無分別に行動しました。警察の方々をはじめ、たくさんの人に迷惑をかけました。したがって、一か月間、余暇の活動と散歩を禁じます。休日は、今回の行動について反省文を書き、食堂と洗濯室で仕事を手伝いなさい」

わたしはすすんで発言し、散歩の責任を引き受けようとした。カミーユとカトリーヌは青ざめた顔をして、今日の出来事の思いがけない結果にうなだれている。ふたりが先生の怒りにさらされるのを黙って見ているわけにはいかない。

「たいへんなご心配をかけて、すみませんでした。道に迷うとは思ってもいなかったんです。あんまり早く日が暮れたので、来たときの道を見失ってしまったんです」

「後悔先に立たず、ですね。今後はよく考えてから行動しなさい。罰は明日から一か月です。さあ、シャワーを浴びてきなさい。あなたがたはまるで泥んこの子どもみたいですよ。入浴がすんだら、きょうはもうやすんで結構です」

その夜は、長い学校生活のなかでも記憶に残る悲しい夜だった。罪のない親友をこんな状況に引きずりこんだことで、わたしは自責の念にかられていた。ふたりの親友は打ちしおれたまま、いつまでも泣いていた。

気持ちよくスタートした一日が、思わぬ苦しみに終わった。ほんとうに、この日のわたしたちはついていなかった。

第十一章

一九六六年十月

十月は物悲しい月になりそうだった。空はふくらんだ雨雲でどんよりしていた。ママからは音沙汰がなかったけれど、ママの妹のメラニー叔母さんとは、定期的に手紙をやりとりしていた。でも、七月の夏休みに送ったわたしの最後の手紙に、叔母さんからの返事はまだなかった。そのせいでわたしは物思いに沈みがちになり、何かよくないことの兆しを前にしたような、苦い感覚を味わっていた。月日は流れ、何人かの少女が寄宿学校を去り、別の少女たちが、人生への失望を抱えて新たに入ってきた。わたしは、いつもの習慣どおり、どんな面倒にも巻き込まれないようにしていた。寄宿生のあいだで起こる喧嘩にはあまり、いやほとんど注意を向けなかった。そんなわたしでも、ルイーズという名の新入生がやって来たときは、「ひっぱたいてやりたい！」と思わずにいられなかった。その自己中心ぶり、うぬぼれの強い態度、彼女ならではの陰で人をあやつる根性に、たまらなく腹が立つのだった。わたしたちひとりひとりに対して、彼女がひねくれた形でたえず示す極端な妬みに、わたしは本当に耐えきれなくなりはじめていた。寄宿学校の壁の中は厳格な規律に貫かれていた。ちょっとした盗みも、喧嘩も、きびしく罰せられた。そんな事件はごくまれにしか起こらなかったけれど、シスターも先生も、憎しみや意地汚い所有欲を絶つ手段を、今なお見つけられずにいるのだった。

ルイーズが来てからというもの、妬みや敵意から生じる亀裂はますますひどいものになった。彼女は、わたしが嫌うさまざまな人間のタイプをすべて集めたような子だった。うわべだけはいい子ぶって、見栄っぱりで、意地悪で、おまけに嘘つきだった。両親が離婚訴訟の最中なので、どちらが彼女の面倒をみるか裁判所が決めるまで、わたしたちと一緒に生活することになったのだ。弱い者はルイーズにおどかされて、わがままな命令を無理にやらされる。彼女はそれを、知っていれば許すはずがないエレーヌ先生の隙を巧みについて繰り返すのだった。彼女がわたしに近づいてこなかったのは不幸中の幸いだった。嫌みでも言われたら、わたしはけっしておとなしく耐えてなどいなかったから。他人に服従することは、どんな形であってもわたしには受け入れられない。彼女はひとをあやつるために平気で嘘をついた。心臓に毛がはえていて、何を言われようとびくともせず、どんなに叱られても涼しい顔をしている。こんなふうに、支配欲の強い寄宿生が突然入ってきて、わたしたちのそこそこに穏やかな生活をかき乱すことが、ときおりあった。そんな子たちが去ってゆくたびに、わたしたちはほっと胸を撫でおろすのだった。

ふだんわたしは、月々のお小遣いをほんの少ししか使わなかった。それで、ある木曜日、思いきって『極楽守備隊』を友だちと見に行くことにした。ローレルとハーディ（一九二六年にコンビを結成したアメリカの二人組喜劇俳優）のコンビが出ている大評判の映画だ。わたしたちは映画の楽しさを満喫し、客席でお腹の底から笑った。こうして心地よくくつろいだ後、喫茶店に寄って、生クリームがのった頬の落ちそうなアイスクリームを食べた。涙がでるほどおいしかった！　あっという間に帰る時間がきたけれど、その日は幸福感に浸りつつ床についた。でもわたしは、これからの木曜の午後をもっと有益な気晴らしに使うことにした。そして、友だちに話してみた。施設から五分足らずのところに陶芸教室があるというのを聞いていたのだ。レッスン料は年に三十フラン。でも関心を示してくれたのはカミーユだけで、あとの仲間はほかのことにお金を使いたい様子だった。

一週間後、わたしたちは陶芸教室に入った。ここは新しい友人と出会う場にもなった。指導員のラファエルはすぐにわたしたちの相手をしてくれて、わたしとカミーユを受講生たちに紹介してから、陶芸の基礎を説明しはじめた。わたしたちが加わって、全部で十人ほどが、この教室の常連メンバーだった。わたしはさっそく壺の製作にとりかかった。初めは少し気おくれしたけれど、ラファエルの適切なアドバイスのおかげで、徐々にこの技術を学びとっていった。土のかたまりをろくろの真ん中に置き、慎重な手つきで粘土に形を与えていくことに、確かな喜びを感じた。わたしの指の下で、粘土のかたまりは漠然とながら器らしくなってゆき、くぼみ、縦にのび、またくぼんで、やがてはっきりした形を現わした。途中でぐちゃっとつぶれないかはらはらしたけれど、落ち着いて扱うと、粘土は安定して、与えた輪郭を保つのだった。このあとは、釉《うわぐすり》を塗って窯《かま》に入れればもうできあがりだった。でもわたしにとって大切なことは、自分の手で粘土の形をととのえ、この壺をつくったということだ。この壺にはわたしの魂の一部がこめられているし、できばえもなかなかだった。カミーユは悪戦苦闘で、一回目のレッスンは失敗に終わり、壺を完成させるところまでいかなかった。早く作ろうとしてあせると、粘土はかえって形をなさないのだ。この次はきっと、もう少しうまくできるはずだ。カミーユは陶芸を辛抱強くつづけると約束してくれた。こうしてわたしたちは二人で、この教室に通うことになった。

ある晩、宿題も当番仕事も終えたころ、七時半に校長が待っていると知らせを受けた。こんな遅い時刻に呼びだされたことは、これまでなかった。わたしは呼びだしの理由を考えてみた。いったいどんな用だろう？　わたしは早めに校長室に出向いた。着いたのは七時二十分だったけれど、すぐ通された。やさしく迎えてくれた校長先生は、わたしに椅子をすすめてから、こう告げた。

「ジョジアーヌ、心配は無用よ。来てもらったのは叱るためじゃなくて、仕事の紹介をするためなの」

この言葉で、急に好奇心がわいた。よい話で呼ばれるのはめずらしいことなので、わたしは真剣に話を聞きはじめた。校長先生はちょっとほほえんでから言った。

「ここに入って以来、あなたは班の中でも、また学校でも、たゆみない努力を重ねてきました。そこで、担任の先生とわたしは、あなたなら子どもの世話をする仕事に適任だと考えたのです」

「ありがとうございます、マザー。そのように心にとめていただいて、ほんとうに感激です」

実際、わたしはものすごく感動して、喜びと感謝の念で胸がいっぱいだった。自分の前進と成長につながるなら、どんな仕事にだって応じたことだろう。

「数か月前、わたしの友人がご主人をなくしたんですよ。六歳になる女の子がそのショックからなかなか立ち直れないので、友だちになってくれる若い人を探しているのです。その子を元気づけ、散歩させ、いっしょに遊び、お母さんが買物に出るときは責任をもって預かることが、あなたの仕事になるでしょう。毎週土曜日の午後一時半から六時に、あちらのお宅へ行ってもらいます。あなたはこの仕事で自由時間をとられてしまうけれど、そのかわり、あなたの名義で口座を開き、そこに毎月末、わずかですが給料を振り込みます。用件は以上です。引き受けますか、それとも誰か別の人を探さなくてはなりませんか？友人はなるべく早く、と言っています。娘さんに元気がないんですよ、きっとよほど寂しいんでしょう」

「マザー、その方には、お引き受けすると今すぐ知らせてくださってけっこうです。その小さい女の子を幸せにできるなら、わたしも嬉しいです」

「よく言ってくれました。あなたのことは、まじめでしっかりした子だとかねがね思っていましたが、私の考えにまちがいはなかったようね。何日かしたらいっしょに先方へうかがいましょう。今夜さっそく連絡しておきます」

　校長先生はその家の人がどんなことを期待しているか説明し、わたしの成績の話を少ししてから戸口まで送り、まるで契約を取りかわすように手を握った。そしてまっすぐにわたしを見つめて言った。

「用はすみました。引き受けてくれて嬉しいわ。あなた以外の人にこの仕事を任せるのは心配だったの」

中庭に降りてから、大きく深呼吸した。風が頬をなで、髪をもてあそんだ。自分の生活が前よりも少しうまく行きはじめ、運が向いてきたのだと信じたかった。

校長先生とのやりとりを話すと、同室の仲間たちは熱っぽく祝福してくれた。

数日おいて、授業がひけたある日の午後、校長先生にともなわれて、ノワール夫人に会いに行くことになった。わたしたちは日の高いうちに出発して、夏の名残のような日射しのなかを歩いた。まもなく、両側から枝をのばした樹木が絶妙なアーチをつくっている、袋小路になった閑静な道に入った。夢の中を歩いているような、不思議な感じだった。急に校長先生が立ち止まった。ここなのだ。高々とそびえる立派な家の前で、わたしはあっけにとられた。こんなすてきな場所を目にするとは思ってもいなかった。校長先生は気をきかせて、あたりの景観に見とれるわたしをしばらくそのままにしてくれた。

「あんまり美しくて、喜びを言いあらわす言葉が見つかりません。本当にありがとうございます。まるで夢をみてるみたいです」

家の前は、右手が竹林と玉砂利のある小さい日本庭園になっていて、真ん中に、柔らかい穂をつけたパンパスグラスが植えられていた。巨大なカサマツの真下にあるベンチに腰かけたら、心が安らぎそうだ。それにわたしは、カサマツのような針葉樹は南フランスにしかないものと思っていた。左手には、日本の赤紫色のカエデの葉陰に、平らな石がツツジに囲まれてきれいな一角をつくっていた。全体がみごとに調和して、自然の美を映しだしている。庭は建物入口のらせん階段の下まで物憂げに広がり、階段づたいに白いクレマチスがつるを伸ばしていた。

なんてすばらしい庭だろう！　まるで天国を地上に移したみたいだ。ふたつの小天使像が滝のように涙を流し、その水が噴水受けに注ぎこんでいた。過去と現在を、そして大地と空と水を組み合わせて調和ある世界をつくるこの意志に、わたしは言葉もなく感動した。外壁に沿って白いバラが植えられ、繊細な香りがあたりに広がっていた。そのしなやかな長い茎が優雅にならんでいるさまは、くらべるもののない魅力をこの家に与えていた。ようやく我にかえって、大理石のみごとな階段をあがった。校長先生が呼び鈴を押すと、しばらくして、上品な若い女性がドアを開けた。わたしは一目でこのひとが好きになった。彼女はわたしをじっと見つめてから、晴れやかに笑いかけた。

「うちのアリシアの面倒をみてくれる女の子というのは、あなたね？」

「はい、たいせつな役目に選ばれてとても光栄です。きっとお嬢様の力になれると思います」

ノワール夫人はわたしの手を握り、校長先生と話をはじめた。胸がどきどきする。待望の瞬間がいま訪れたのだ。あまりの喜びに平然としていられず、待ちきれぬ思いに口のなかが渇き、手が熱くなった。はたして自分はこの任に堪え、寄せられた信頼に応えることができるだろうか？

そんな不安を察したように、夫人はわたしの肩にそっと手を置き、こう言った。

「アリシアを紹介する前に、家の中を案内しましょう」

どの部屋にも趣味のよい家具が置かれ、上品な装飾が施されていた。わたしは、アリシアの部屋と思われる子ども部屋の前で、しばらく足をとめた。そこを支配する静けさに胸を打たれた。もし、何かのご褒美《ほうび》でこんな寝室をもらえるなら、わたしはどんなことだってするのに……。部屋の真ん中を占めるベッドはラベンダーブルーの天蓋つきで、そこには太いリボンの装飾が施され、花柄のカーテンが垂れていた。勉強机の上には、本が何冊も載っていた。隣の小部屋はアリシアが遊ぶための場所につくり直されていて、たくさんの棚にいろいろなぬいぐるみが所狭しとならんでいた。早く会ってみたかった。ひととおり案内を終えると、夫人はわたしたちを客間へ通し、庭に面したガラス戸を開けて子どもを呼んだ。

「こっちに来てくれる？　お客様にあいさつするのよ」

「はい、ママ。いま行く」

「アリシア、こちらはジョジアーヌお姉さんよ。週に一度、土曜日に、おまえのお相手をしてくれることになったの」

アリシアは近よってきてわたしの目をじっと見つめ、子どもらしい純真さで言った。

「いいわ、あなたなら。仲よくしてね。お人形遊びできる？」

「もちろんよ！　お人形の服の仕立てかたも、ボール紙でちっちゃい家具を作るやりかたも教えてあげる」

「すてき！　もう好きになっちゃった」

「アリシア、庭に戻って遊びなさい。お母さんたちはもう少し話があるから」

「はい、ママ！　お客様さようなら！」

ほかの女の子だったら嫌がるかもしれないのに、彼女はおとなしく庭に出ていった。『緑色のねずみ』という数えうたを口ずさみ、片足跳びをして遊びはじめた。六歳にしてはずいぶん聞き分けのいい子だ。ひよこ色のモヘア毛糸の丸首セーターのうえにオーバーオールを着て、運動靴をはいていた。その可愛いこと！　いとおしさで胸がいっぱいになった。わたしの力で、父親の死をいくらかは忘れさせてあげることができるかもしれない。ノワール夫人は仕事の説明をし、わたしに具体的な指示を与えてから、おしまいにジュースを出してくれた。それからわたしたちは帰途についた。寄宿学校は、仕事場となる家からわずか数分の距離だった。

「この仕事を引き受けたこと、いまも満足？　ジョジアーヌ」

「ええ、マザー。最初話があったとき以上に。かわいい女の子ですし、お家もすばらしくきれいですね。あれほどたくさんの種類の花がある、手入れの行き届いた大きな庭は、いままで見たことがありません」

「あなたなら立派につとめを果たせると思うけれど、もし何かあったら、すぐわたしに相談するんですよ」

「はい、マザー！」

幸運の女神がほほえんでいる。何としてでも、寄せられた信頼に見あう働きをしなくては……。

その日わたしは、アリシアが活発な女の子にもかかわらず、父親をなくしたショックのために悲しい日々を送っているのを知った。毎週土曜日の午後、わたしは彼女の家へ行き、ほっとするような静寂を分かちあった。深夜でさえ物音や悪夢やすすり泣きが聞こえる施設の生活とは、似ても似つかなかった。わたしの首にアリシアがその小さい腕をまわすと、褐色の髪が柔らかく頰にふれた。つくりの繊細なほっそりした顔は、周囲のどんなものにも敏感でたくましい好奇心をあらわした。驚いたように大きく見開かれる黒っぽい目は食い入るように外界に向けられて、どんな動きも見逃さなかった。ふたりで楽しい午後を過ごすにつれて、彼女は明るく、いきいきしてきた。遊びを通じて言葉遣いがしっかりしたものになり、数週間後には短い文を書けるようになった。学ぶ意欲にあふれ、鳥や花や庭や学校について、わたしを質問攻めにするのだった。頭のよさも平均以上で、人間にも物にも関心をもった。はじめは臆病な子猫みたいだったが、それが少しずつ薄らぎ、わたしのほうも何かと口実をもうけて彼女をかわいがり、胸に抱きしめた。そして、王女と魅力的な王子の物語や、色とりどりの羽をした不思議な小鳥と世にも美しい花々の物語を話してきかせた。まもなくわたしは木曜日も、次いで日曜日まで、彼女の相手をさせてもらえることになった。自分には、彼女を愛し、幸せにし、笑顔を取り戻させる使命があるのだと思った。おおいにやりがいを感じて、この仕事に打ちこんだ。

わたしはアリシアとノワール夫人を愛していた。友だち以外でわたしにささやかな心づかいと愛情をかけてくれるのは、このふたりだけだった。あるとき、わたしはふたりのお供をして街に出た。そしてこの母娘のおかげで、忘れられない日曜日を過ごした。ラ・プティット・フランスを訪れ、寄り添って歩く恋人たちの姿を見ながら、イル川のロマンチックな小さい橋を渡ったのだ。ストラスブールには、自然に親しめる美しい場所がそこかしこにあって、気ままにそぞろ歩きできた。アリシアは堂々とした白鳥にえさをやってごきげんだった。それから、フランスでも指折りの美しさの、ばら色砂岩でできたカテドラルを見た。毎日正午、十二使徒がキリストの前を列をなして進む天文時計を、わたしはうっとりとながめた。そこに立ち止まった数分の間、主の恵みに感謝した。夜、寄宿学校に帰ってからも、その日一日のことが全部頭に残っていて、友人たちに話さずにいられなかった。夢中で話すうちにふと、彼女たちの深刻な顔つきに気がついた。カミーユはとめどなく話しつづけるわたしをとめて、外に連れだした。もう寒くなりはじめていて、湿気にぞくっとした。わたしは上着の襟元をかきあわせ、彼女が口をきるのを待った。

「ジュスティーヌが行ってしまったのよ。お母さんが迎えにきてね。あわただしくて、別れを惜しむ時間もなかったわ。あなたには、落ち着いたら早めに手紙を書くって」

またしてもひどい両親の手中に落ちてしまったジュスティーヌを思って、わたしは泣いた。世の中はほんとうにおかしい。子どもを守ってくれる人は誰もいないということだろうか？　悲しかった。その日の喜びは嘘のようにかき消えて、苦い思いとつらさだけが残った。カミーユの話で、ジュスティーヌの母親が、義理の父はもう彼女をぶたないしお酒もやめる、と校長に約束したことを知った。でも、酔っ払いの男の約束がはたして信用できるのだろうか？　あやしいものだ……。

一九七〇年四月

大事件というものは、ひとつ起こっただけではすまない。そして、どんなに良い状況にも終わりがある。なごやかで平穏なわたしの生活もまた、幕を閉じようとしていた。

ある日、校長先生がわたしを執務室に呼んで、言った。

「急な話ですが、あなたは今年度限りでこの施設を出ることになりました。そのあとは、あなたを必要としているご家族のところに戻るのです」

「そんな！　無理です、わたしを追い出さないでください。行かないですむようにしてください。そんなことになったら生きていけない！」

「まあ落ち着きなさい、ジョジアーヌ。いずれにしても、あなたは一生ここで暮らすわけにはいかないのですよ」

「いいえ、マザー！　わたしは校長先生とも、仲間とも、担任の先生とも、アリシアとも別れたくありません」

「わたしだって、できることならあなたを置いておきたいのよ。でもそれは不可能です。ご両親のもとへあなたを帰すようにと、裁判所が決定を下したのです」

「でもアリシアは？　あの子を置きざりにはできません。そんなお話は、からだの一部を奪われるのと同じです。あの子が大好きなんですもの！」

「あの少女のことは心配いりません。あなたが去る日にそなえて、母親が心構えをさせるでしょう。ここでのあなたの生活はまだ三か月あるし、そのあとは、カミーユに引き継いでもらいます。アリシアには定期的に手紙を書いておあげなさい」

「マザー、できません、いやです。わたしをここへ入れたきり何年も知らん顔をしているあんな家族のところへ戻されたら、もう生きる気がしません。わたしがどんなにがんばっても、地獄のような人生に逆戻りしなくちゃならないのですか？　だいたいどうして、これだけ長い間わたしを放っておいたあとで、急に戻ってほしがるんでしょう？」

「ジョジアーヌ、あちらはあなたの、血を分けた家族ですよ。尊重しないわけにはいかないでしょう」

「あの人たちのほうはどうなんです？　わたしが血を分けた娘であることを一度でも思い出したことが、あの人たちにあるでしょうか？　何か月も、一通の便りも来てないんですよ。あんな、きまって誰かがわたしを苦しめるような家では、幸せに暮らすことなどとてもできません」

「ご両親は近々離婚なさるそうです。お家での生活は前よりも穏やかになるでしょう。あなたはお母様に預けられることになります。電話で長いこと話をしましたが、お母様はあなたを迎えしだい、せいいっぱい努力すると言っておられましたよ」

また例の空約束か。こんなことはもうたくさんだ。でも、わたしに何ができるだろう？

「わたしの勉強はどうなるのですか？　学期末に幼児教育の学校を受験する予定なのに」

「お母様が迎えにくるのは入学試験が終わってからですよ」

「あの人が黙ってわたしに勉強をさせてくれるはずありません。家に呼び戻すのは、弟や妹の面倒をみさせるためなんです。学校へは行けなくなります、まちがいなく」

「さっき言ったように、わたしは自由に動けるわけじゃないのよ。何の手も打てないし、やってみたところで事態は変わらないのです」

びっくりして泣き出しそうな表情になったわたしに、校長先生は言いそえた。

「ここは、裁判所の命令がないと子どもを預かれないのです。その裁判所が、あなたを家に帰すよう命じているのです」

こんなに悲しい気持ちで校長室を出たことはなかった。茫然とするばかりだった。わたしは人の視線を避けて庭の隅へ行った。カミーユとも誰とも会いたくなかった。シナモンを腕に抱き、草のうえに横になって、悲しみがほとばしるにまかせた。すっかり気持ちがくじけていたが、運命からは逃げられやしない。われに返って、自分のおかれた状況を考えはじめた……。

時間が過ぎ、何人かの声がわたしを呼ぶのが聞こえたけれど、わたしは出てゆかず、返事もしなかった。地面につけたからだが湿り、凍えてきて、そろそろみんなのところへ戻ろうと思った。すねていても仕方がないのだ。とにかく、わたしには今度のことを覆す力はない。

カミーユはやさしい態度で迎えてくれた。もうみんな、事情を知っていた。わたしは何も食べないまま、部屋にひきあげた。全身がとても寒かった。カミーユがわたしのベッドに腰かけ、なぐさめようとしてくれたけれど、わたしは心を開かなかった。半年後、わたしは十八歳になる。この施設の中で、人生の十年以上を過ごしたことになる。わたしは一晩中、胸に忍びこもうとする絶望と格闘した。そして、生まれてはじめて、いままで一度も考えたことのない解決方法が頭に浮かんだ。朝になっても、起きあがる力が湧かなかった。先生に病気だと伝えてくれるよう、カミーユに頼んだ。先生は休む許可をくれた。みんなが部屋を出たあと、ひとり残ったわたしは、計画をまちがいなく実行に移すにはどうすればよいか考えた。まず職員室の、薬品が入っている棚に忍び寄り、棚の鍵を見つけ、薬を手に入れてから鍵をこっそり元に戻さなければならない。いよいよ覚悟をきめて、周囲をうかがい、そっと起きあがった。エレーヌ先生は時々生徒たちを正門まで送るのだが、折りよくこのときもそうしていた。誰もいない職員室のドアは少し開いていた。すばやく中に入って鍵を探しはじめた。数分後、鍵は机のいちばん上のひきだしで見つかった。手がふるえて、鍵穴にうまく入らない。何度も試みたあげく、やっと棚の扉をあけた。わたしはラベルの文字も読まずでたらめに瓶を二本つかみ、棚を閉め、鍵をひきだしに戻した。それから、走って自分のベッドに戻った。ぎりぎりで間に合った。すでに、こちらへ来るエレーヌ先生の足音がしていた。二本の瓶をマットレスの下に隠して、中の薬を飲むチャンスを待った。ベッドに横になったまま、もうそこから出たくなかった。からだを動かすことも、ふつうに息をすることも、うまくできない。まる二日間、病気のふりをして授業を休んだ。事実、ほんとうに気分がすぐれなかった。わたしをこの世につなぎとめるものは、もう何もなかった。どうせ幸せになれないのなら、たったいま区切りをつけたほうがいい。

いくらがんばっても、わたしの人生は必ずだめになる。これ以上は耐えられない。みんなが礼拝堂へ行ってから、わたしは洗面台まで来て、手のひらの錠剤を見つめた。手紙など書き残さなくていい。みんな、わたしのしたことをわかってくれるだろう。自分が孤立無援の存在に感じられる。自分のような娘には居場所がないこの世の中で、いったい何ができるというのだろう。ただひとつ心残りなのは、わたしがベッドの上で冷たくなっているると知らされる、アリシアやカミーユやカトリーヌ、そのほかの仲間たちのことだった。

お祈りをすませると、十八年足らずの人生の思い出が短い間に次々とよみがえった。急に、お仕置きも、嫌がらせも、懲罰室も、罰としてさせられる仕事も、ママも――そう、「あのひと」も――もう怖くなくなった。全部終わりだ、さよならだ。わたしは錠剤を10錠ほどいっぺんに口に押しこみ、コップに二杯水を飲み、戻って横になって、まもなく訪れるにちがいない解放のときを待った。少しずつ、からだが宙に浮き、魂がさまようような感じを覚え、気がつくと空中を駆けめぐっていた。甘い調べに遠くまで運ばれ、痛みも恐怖ももはやなく、とっても幸せだった。わたしを取り巻いている天使たちは、きっとこのまま天国まで連れていってくれるのだろう。と、突然、何もかも消えうせた。目の前に虚空が、無が広がるばかりだった!

わたしは涅槃《ニルヴァーナ》にたどり着き、もう戻るつもりはなかった。こうしてふたつの雲の間に浮かんでいるとき、顔を何度か叩かれるのに気づいたけれど、目を開けなかった。空と大地の真ん中で、いい気分だった。なぜわざわざ理不尽な世界へ戻れるだろう?

発見されたときわたしの口からは泡が流れ、その後三日間、昏睡状態から覚めなかったことを、あとになって聞いた。医師に薬品を飲まされて、胃の中のものを吐いたらしい。その後もしばらくは何も食べる気がせず、ろくに食事をとらないで、心の重荷を一緒に引きずるように覚束《おぼつか》ない足どりで歩いた。やがて少しずつ集団生活に戻り、授業にも出はじめたが、もうすべてが前と違ってしまった。へたに愛着を抱いて、ここを去るときに苦しむことになるのが嫌だったから、長時間たったひとりで過ごした。保母になるというわたしの夢は、たった今むなしく消えた。靴下や食器を洗うのに、頭をよくする必要はない。わたしは学校の勉強をもうまったくしなくなった。

わたしには、あのひとが迎えに来るのをひたすら待つことしか、もうすることがなかった。

第十二章

風の吹く雨模様の日曜日にわたしを迎えにきたのは、まさにあのひとだった。アリシアとの別れは悲しかった。アリシアはわたしの服にしがみついて、なかなか手を離さなかった。ふたりして、泣いて別れを惜しんだ。彼女の母親はほろりとして、いつかまた会える、あなたならいつ来てくれても歓迎する、と言ってくれた。仲よしのカトリーヌとカミーユのもとを離れるのは、いっそうつらかった。彼女たちを置いて去ってゆくのは、胸がはりさけるほど耐えがたいことだった。ママが来るまで、わたしたち三人は声を上げて泣いた。到着の知らせを受けて面会室へ行くと、ママは校長先生と話している最中だった。ふりかえって思えば、校長先生は愛にあふれた人物でありながら、それを鉄のような意志の下に注意深く隠していたのだ。こらえようとしても、涙があとからあとから頬をつたって流れた。ママが立ち上がってわたしの額にキスしたが、冷たくてよそよそしいキスだった。そのまなざしには愛情も思いやりもうかがえなかった。

どうしてわたしは親友と住みなれた施設を捨てて、この人について行かなければならないのだろう？　ああ、どうして？　彼女はすわりなおし、わたしにたずねた。

「なぜ泣いたりするの？　家に帰るのがうれしくないの？　ずいぶん恩知らずな子ね！　おまえがここを出てもっといい生活を送れるように、いろいろ面倒な手続きをしてあげてるのに、めそめそ泣いたりして。それがおまえの感謝のしかた？　ほんとに、何を考えてるのかわからないわ。パパは、家を出ていってもう戻ってこないわよ」

わたしは、彼女の離婚を知ってからずっと心にひっかかっていたことを訊かずにはいられなかった。

「どうして出ていっちゃったの？」

「おまえには関係ないことよ。用意はできてる？」

わたしが面会室に入ってきてから一言も口をきかなかった校長先生が、このとき口を開いた。

「かわいいジョジアーヌ、あなたはこれから新しい生活を始めるのです。ご家族と理解しあうために、できる限りのことをなさい。人を憎む気持ちに動かされてはいけませんよ」

校長先生はわたしをやさしく抱きしめてからママのほうへ行かせ、今度はママに向かって言った。

「あなたは、多くの親がうらやむような娘さんをお持ちですよ。この善良でまじめで勉強熱心なお子さんを、あらためてあなたの手に委ねます。彼女には、細かい欠点を補ってあまりある長所があります。ぜひ、いっしょに話し合う機会をつくってください。話すことはたいへん大切ですし、困難をのりこえるためにもきっと役立ちますから」

校長先生は最後にもう一度わたしを抱きしめ、手紙には必ず返事を書くと約束して、内心の悲しみをさとられる前に面会室を出ていった。これからわたしは、安全な施設と訣別して、不安と恐怖に立ち向かうことになる。ここを去ることに胸を引き裂かれる思いで、涙がとまらなかった。庭師の人がきて、車に荷物を積むのを手伝ってくれた。長い間わたしを守ってくれたこの場所に最後にもう一度目をやって、わたしはママのあとに従った。車の後部座席に身を縮めてすわり、黙って、憂鬱な気分に沈んだ。先にあるのは、たぶん、暗い未来だけだ。家に着いてみると、家具という家具がほとんどなくなっていた。どの部屋も、天井から下がった裸電球ばかりが目立つ。わたしはそれまでの無気力を振り払って、たずねた。

「ほかの子どもたちはどこ？」

「ドミニクはパパが引きとっていったわ。あとは友だちの家よ。じきに帰ってくるでしょ」

わたしはひとつ覚えのようにまた訊いた。

「パパはいったいどうして出ていったの？」

「ほっといてちょうだい。うまくやっていけなくなっただけよ。もうその話はたくさん。おまえは自分のことだけ考えてればいいの。あの『善良な』シスターたちの学校から出してもらえてよかったと思いなさい。私が放っておけば、成人するまであそこでくすぶってることになったんだから！」

「でも、わたしたち、どうやって生活していくの？」

「私は仕事を探しに行くから、そのあいだ弟や妹の面倒をみてちょうだい。夜は、もっとよく理解しあえるように話をするのよ」

言葉で何を約束されても、わたしは彼女から振るわれた暴力をけっして忘れることはないだろう。でも今夜は寝室に引きあげることにして、薄い羽布団を一枚かけて、床で眠った。彼女はわたしを引きとめようともせず、自分を台所に取り残していったことで罰を加えようともしなかった。だが、時刻はようやく午後七時になったばかりだった……。その夜は悪夢がひっきりなしにわたしの眠りをおびやかした。たくさんの手に髪をつかまれて、黒く口をあけた穴に押しやられていく。わあっと叫び、突然目が覚めてみると、からだじゅうに汗をかいていた。水を飲みに台所へ行った。夜間は暖炉に火がなく、ふるえるほど寒かった。幼いアリシアのことが頭に浮かび、あまり寂しがっていませんようにと願った。わたしが去ったことを、彼女はどう感じているだろう？　落ち着いたらすぐ長い手紙を書くことにしよう。きっとお母さんが彼女に読んであげるはずだ。部屋に戻って横になると、今度はすぐ眠りに落ち、暗い考えは消えうせた。

明け方、わたしは混乱した頭で起き上がった。わたしの人生は再び、百八十度転換しつつあった。運命の輪は冷酷にまわっていた。朝食の用意をしに台所へ行った。弟三人と妹がすでにテーブルについているのを見て、わたしは驚いた。朝食の準備はととのい、暖炉には火が燃えていた。弟たちはわたしに対してどう振る舞っていいかわからない様子で、あいまいなあいさつをした。しばらくしてママがテーブルについた。たまらなく重苦しい朝食で、部屋から飛び出したくなった。でも、わたしは残って、みんなが食べ終わるのを待った。席を立つとき、ママはわたしを見つめてこう言った。

「家の中のかたづけと買物をすませたら、仕事の口がないか、求人広告に目を通すのよ」

ママは食器棚の上に置いてあったハンドバッグをつかむと、きびきびした足どりで出ていった。わたしの立場は昔そっくりだった。つまり、わたしはまた下女に戻ってしまったのだ。掃除、洗濯、食事の用意、そして幼い子どもたちの世話に明け暮れる毎日。それに加えて今度は、勤め口まで探さなければならない。

結局わたしはメッスにあるシトロエンの工場に、自動車部品の検査係として採用された。早番と遅番の交代制勤務だった。ママはバスが高くつくと考えて、毎日、天候にかかわらず、わたしを自転車で通勤させた。もうひとつ、彼女はわたしの生活に、これまでと違った習慣をつけ加えた。毎月の給料を全部、封をしたまま渡し、彼女が中味を確かめるという習慣を。そのかわりわたしは、生活必需品、食べもの、その他を買うために、ママから毎週一〇〇フランほどのお金を与えられるのだった。もちろん、肉もデザートもわたしたちの口には入らない。ママにお金の余裕がないときは、わたしがじゃがいもの水煮やパスタなど間に合わせの食事をつくって、何とか切り抜けた。

くたくたになって家に帰ってからも、わたしには洗濯やアイロンがけなど、何時間もかかる仕事があった。毎日襲ってくる困難や苦しみを思うと、家族ひとりひとりに対して、自分がほとんど情愛を感じていないことを認めないわけにいかなかった。この人たちはあまりに長い間、わたしの存在を無視してきた。それに、弟や妹は言うことをきいてくれなかった。彼らはわたしに権威がないことを知っていて、わたしの命令や忠告にはひとつも耳を貸さなかった。こうした悪条件の中の生活が四年つづいた。夜はなかなか寝つかれず、思いは絶えずカミーユとアリシアのほうへ向かう。彼女たちと離れているのが寂しくてしかたなかった。

ママはロジェという、あきれるほど世間知らずの男友だちをつくっていた。うちの家族について無知な彼は、わたしたち兄弟姉妹が全部で10人だということを知らなかった。ママは自分の出産回数を四回と偽っていたのだ。わたしたちは、話題にものぼらない一家の恥だった。ずっと後になって、わたしはふたりの結婚を知った。秘密は最後まで守られたことになる。ママとの関係は、これまでにないほど険悪なものになっていた。言葉をかわすこともほとんどなかった。彼女が怒ってもわたしの心には響かず、反抗する気にもならなかった。彼女の目に何かがうまくいっているように映ることはあり得ないのだ。掃除はきちんとできていないし、わたしの稼ぎは少ないし、子どもたちは騒々しい……。まもなく彼女は、わたしから給料を受け取り、悪態をつき、罰を与えるためにしか、家に帰ってこなくなった。家の中にいると息がつまりそうだった。自分の身の上を考えれば考えるほど、家を出るのがいちばんいいと思われた。けれども、実現は難しそうだった。どこに住むのか？　給料を全部取り上げられて何の蓄えもない状況で、生活費をどうするか？　頼れる友人もいない。友だちをつくる時間さえなかった。わたしは、奇跡のような勤め口を期待して、『ロレーヌ共和新聞』の求人欄を毎日調べていた。そろそろ徒労を感じはじめたある日のこと、応募できそうな求人広告が目にとまった。「住み込みで働ける、責任感のある若い女性求む。五歳の男児の世話。下記電話番号に連絡されたし。至急！」

半信半疑のまま、アンドレ夫人という人にすぐ電話し、翌日会うことになった。一日が途方もなく長かった。翌朝、ベッドをでると、念入りに身じたくした。第一印象がかんじんだ。弟たちはわたしが出かける様子に目を丸くしたが、適当な口実をつくって信じさせた。ためておいた買物のつり銭で切符を買うことにして、一歩一歩踏みしめるようにバス停に向かった。終点で降りてから通りがかりの人に道をきくと、その人は愛想よく、ほかの家々から少し離れて、小路のはずれに建っている家を教えてくれた。左胸で心臓がどきどきしていた。不安がつのる。わたしは選んでもらえるだろうか？　呼び鈴を押すと、糊のきいたかぶり物をし、小さな白いエプロンをつけた家政婦さんがドアを開けてくれた。彼女はわたしをこぢんまりした客間に案内して、すぐ下がっていった。見まわしてみると、そこはすごく気持ちのよい場所で、部屋全体にユリの香りが漂っていた。窓からは、真ん中にあずまやのある花壇が少し見えた。花壇のそばで、幼い男の子が砂遊びをしていた。アリシアのことがぱっと頭に浮かび、外に飛び出して男の子をいますぐ抱きしめてやりたくなった。

背後でドアが開いた。ゆっくりふりむくと、まるで額に縁どられた肖像画のように、アンドレ夫人が口元に笑みをうかべていた。

「はじめまして。さあ、この椅子におかけなさい。さっそく話をしましょう」

「はい、恐れ入ります！」

三十分ほど話したあとで、夫人はわたしの身元をただした。

「あなたの心構えと学歴をうかがいましょうか」

「リセを出て、保母の資格を持っています。卒業後は、母が仕事に行っている間、弟や妹の世話をしています」

「うちで働いてもらうことになったら、ご自宅の仕事からすぐ自由になれるかしら？」

「ええ、もちろん！　遅くとも二、三日以内には、こちらに来られます」

「では、仮採用というかたちで働いてもらいましょう。ただし、一か月たっても満足な結果を示せないようであれば、自分の家に戻るのですよ」

そんな不名誉な目にあうつもりはなかった。わたしは二度と戻らない覚悟をして、家を出ていくのだ。すごすごと舞い戻ってママを得意にさせる気はない。アンドレ夫人はわたしを外に連れだした。

「孫のエドゥアールに会っていただきますね。両親がストラスブール近郊にガソリンスタンドを持っている関係で、私が預かってるの。かわいらしい子よ。だけど、私も会社をやっているから、留守のあいだ面倒をみてくれる人が必要なの」

「はい、わかります！」

「今日は出かける用があるから、使ってもらう部屋は今度お目にかけます。あなたの仕事は孫の世話をすることよ。遊び相手になり、食事を食べさせ、決まった時間に寝かせ、散歩に連れていってください」

「採用していただいてたいへん光栄です。わたし、エドゥアールちゃんの良い育児係になるつもりです」

夫人の後について、砂の中で遊んでいる愛らしい坊やのところに行った。わたしたちに気づくと、男の子はすぐ遊びをやめた。

「おばあちゃん、お客さん？」

「そうよ、坊や。いっしょに遊んでくれるお姉ちゃんを紹介するからこっちへいらっしゃい」

男の子は恥ずかしそうに近よってきて、手を差しだした。こちらへ向けた顔に、青いきれいな目が輝いている。

「遊び相手ができてうれしいです。おばあちゃんは、お姉ちゃんがいろんな遊びを教えてくれるって。ねえ、ぼくすぐに退屈しちゃうの。おばあちゃん、関節が痛いから、ぼくと自動車レースできないんだもん」

「だいじょうぶよ。わたしはまだ関節、痛まないから。いっしょに四つんばいになってミニカーを走らせてもいいわよ。ふたりでたくさん遊びましょうね」

わたしの採用を決めた夫人はこの最初のやりとりに満足してくれたらしく、晴れやかな笑顔でこう言った。

「あなたなら、このやんちゃ坊主の相手ができるわね。もうなついちゃったわ」

「わたしを選んでくださって、本当にありがとうございます。帰りのバスが10分後に来る予定で、乗り遅れるといけないので、そろそろお暇《いとま》します。では、月曜日の朝八時にうかがいます。さよなら奥様、さよならエドゥアール」

夫人は玄関まで送ってくれ、別れ際にこう言った。

「今日は時間がなくて家の中もあなたの部屋も案内できなかったけど、月曜日にゆっくり見ることにしましょう。ではまたね、お嬢さん！」

胸いっぱいに空気を吸いこみながら、バス停のほうへ向かった。急に、自分と外の世界とが調和したように感じられた。わたしは希望を抱きはじめていた。嵐のあと、突然空いっぱいに虹がかかったような気持ちだった。わたしの思いを絵にしたように、雲を破って美しい陽光が地上に降り注いだ。

これから先、わたしにも幸運がめぐってくるだろうか？

帰宅したわたしは、家を出ることをどうやって知らせるか考えた。工場のほうは何の心配もなかった。近い将来引越しをすると言ってあるので、退職は認められるだろう。問題はママだ。この計画を前もって知られたら何もかも水の泡になる。ふと、ある考えがひらめいた。置き手紙をして、その中で、母親としての義務を彼女に思い出させるのだ。そろそろ、彼女は自分の役割を引き受けて、まっとうに子どもたちの養育にあたってもいい時期ではないか！　ほかの誰かに任せるほうが簡単だと考えて、いつまでも自分の責任から目をそらしているのは、もうやめたほうがいい。二日後に彼女がわたしの給料を取りにくるのを計算に入れて、わたしは、出発前目立つ場所に置いていくつもりの手紙の文面を考えた。後ろめたさが胸をよぎった。自分のかわりに年下の子どもたちが、あの母親の怒りにさらされるのではないか。それを思うと心が痛んだが、選択の余地はなかった。わたしは一刻も早く行かなければならない。長い時間をかけて書き、家を出ていくとき机の上に置いたのは、次の手紙だった。

「母へ
　今日、わたしは出てゆきます。あなたは怒るでしょうが、わたしはもう戻りません。『かつて母親であった』あなたに、家を出るわけを説明する義務もないところですが、でも、あなたのそばで送ったわたしの人生がどんなものだったか、手短にでも言っておかずにはいられません。あなたとの闘いが、幼いわたしにとってどんなに勝ち目のないものであったか、あの果てしない攻撃でわたしがどんなに消耗したか、あなたに知ってほしい。あなたは親としての権力を悪用してわたしを押しつぶし、打ちのめした。幸せに生きる可能性を、ことごとくわたしから奪った。この二十一年間あなたが母親として持っていたのは、肩書だけです。あなたはわたしから生きる権利を奪ったのですから。あなたの言葉がどれほど毒を含み、わたしを見据えるあなたの目がどれほど憎悪をたたえていたことか！　あなたはわたしに同情しようとはしなかった。いったいなぜあれほど憎まれたのか、できるなら理由を知りたいものです。子どものころ、ほんのわずかの優しさをかき集めようとして、どんなに一生懸命やってみたことか！　でも何をしても無駄だった！　ごたごたに見舞われずには、また理由のない体罰を受けずには、ただの一日も過ごせなかった。激怒するあなたを前に、わたしはたったひとりで、守ってくれる人もいなかった。わたしにはあなたを裁く権限はありません。でもこれだけは言わせてもらいます。あなたは、産みさえすればそれで『母親』と名乗れると思っているんですか？

女は、子どもを産んだだけで母親になるのではありません。その子を愛し、くる日もくる日も面倒をみ、病気にかかったら徹夜で看病し、幸福を願い、話し相手になってやることではじめて、ひとは母親になるのです。母という存在の神秘、それは愛です。お金の力でも、あなたの力でも、買えないものです。

今日、わたしは戦う身構えをやめてあなたに別れのあいさつをしますが、あなたが望むようなあいさつではありません。わたしには、あなたをいたわろうという気持ちはまったくありません。ひとをいたわったことがない人間に対しては、それもしかたないでしょう。寛容とか、慈しみとか、愛情といった言葉は、あなたには無縁です。一般に知られるように、よい母親は子どもに、頼れる感じ、そばにいると安心する感じを与えるものです。あなたは、叩いたりどなったりするのでなく、頼りがいのある腕で危険から守ってくれるべきでした。たぶんあなたは、わたしが気難しくて怠惰でだらしない子どもだったからいけないのだ、とおっしゃるでしょう。けれども、わたしの受難がまだ年端もいかぬ頃に始まっているのを忘れては困ります。わたしをそういう厄介な子にしたのは、ほかならぬあなたなのです。あなたはわたしの助言者となるべきだったのに、わたしを侮蔑するばかりで、わたしには自分の長所を示す機会が全然ありませんでした。あなたはわたしの最良のもの、すなわちあなたに抱くはずだった愛を、こともあろうに葬り去ってしまったのです。

――覚えているでしょう。わたしがまだよちよち歩きのころ、何度か粗相をしたのを。

あなたはさんざんお仕置きをしてから、おもらしをやめさせると称して、冷たい水の中に何時間もわたしをすわらせたのです。

——あなた流の『良いしつけかた』を隣の奥さんに自慢したときのことを思い出してください。実例を見せるために、あなたはわたしを、まるで手に負えない犬のように紐でテーブルの足につなぎました。そして一日中、このしつけかたの効用を数えあげて笑ったのです。その日、わたしは犬か猫のように床で食事させられました。ときおりあなたは、自分の教育法を誇示するために、わたしを足で小突きましたね。

——こんな夜もありました。いびきをかいているという理由で、あなたは眠っているわたしの髪をつかんで、床の上に投げ出しました。それからわたしをひっぱたいて、自分の欲求不満のはけ口にしたのです。

これ以上例をあげると長くなるので、このへんでやめます。少し努力すれば、あなた自身で思い出せるはずです。

人間が最も誇りとする感情を、あなたは知っていますか？　粗野な本能しか持たない者を向上させ、どんなに情けない者のうちにも思いやりと献身と自己犠牲の芽をはぐくみ、恵まれない人々にこのうえなく清らかな喜びを与える感情を？　いや、あなたはご存じないでしょう。あなたには『母性愛』と呼ばれるこの感情を抱く能力がないのだから。

あなたは自分が何を失ったかわかっていない、ということも、言っておきます。わたしは、

——母を敬い、慕ったことでしょう。

——母をやさしさで包み、惜しみなく救いの手を差しのべたでしょう。わたしとそのひとは手に手をとって、すてきな魔法の輪をつくり、お互いのために生きたことでしょう。

——わたしは骨身を惜しまず働いたでしょう。

——わたしはお金にも貧しさにも曇らされることのない愛情を抱いたでしょう。

——そのひとを喜ばせるためなら、重荷を背負い、山を動かし、何キロだって歩いたでしょう。

そう、わたしは母親のためにどんなことでもしたでしょう。でもあなたには、それだけの価値はない。わたしはもうあなたを母親とは認めません。わたしが持ちたかったのは、いま書いたような母なのですから。いまここで、赤の他人に対するように『あなた』と言っているのは、そういうわけです。しかしわたしは、ものごとの判断にかけてはあなたより大人です。だから、あなたのもとで地獄のような生活を送ったことは忘れ

られないけれど、あなたを許します。あなたが歳をとり、ひとりになったとき、自分のふるまいを反省する日が来るかもしれません。たとえ娘として出来が悪かったとしても、それだけで、わたしを憎しみの標的にしていいはずはないのですから。

もしもこの先、わたしたちの進む道が交わるようなことがあったら、遠慮なく聞かせてください。まだ足が立つか立たないかのわたしに向かって何を責めたのか、あなたのそばであの地獄を生きさせられたわたしの落ち度がいったい何だったのかを」

ここまで書き終えて、長いこと考え込んだ。何をつけ加えればいいか、もうよくわからなかった。ついにわたしは手紙を封筒に入れ、机のうえに置いた。

さあこれで、ゼロからの出発だ。これといった持ちものもないわたしは、ごくわずかな荷物をまとめ、何があってもけっして戻らない覚悟でこの家をあとにした。

第十三章

アンドレ夫妻の孫の世話係になることで、いくらかは心を落ち着けられそうな気がした。この家族のおかげで、わたしはもう疎外されたのけ者ではなくなった。彼らは惜しみない親切と真心でわたしに接してくれた。仕事は、孫のエドゥアールのしつけと遊び相手だった。アンドレ夫妻宅に足を踏み入れたとたん、幸せな家庭に迎えられたことがわかった。これ以上美しい場所があるとは思えないほど、何もかもが目に心地よかった。わたしにあてがわれた部屋はものすごく広くて、机と椅子をはじめ、小型テーブル、大きな箪笥《たんす》、第一帝政様式の肘掛け椅子、三人いっしょに寝られるほどの広々としたベッドが置かれていた。部屋のつづきにはトイレと、シャワーも浴槽もついたバスルームがあった。しかもこれを使うのは、わたしひとりだけ！　最初はとても信じられなくて、慣れるのにまる一週間かかった。わたしの部屋からは、家の裏手に直接出ることができた。庭に通じている小さな木の橋には、見事に組み合わされたクレマチスと黄色いバラがからまっていた。その

美しいこと！

　もう家族を頼るわけにいかないわたしは、いまこうして心の広い人たちに迎えられ、能力を示すチャンスを与えられたおかげで、だんだんと元気を取り戻した。アンドレ夫妻はわたしを雇い主として使いながら、いくらかわたしの保護者の役割もしてくれていた。そして、孫の世話を任せたわたしに、家を自由に使わせた。その信頼をわたしは誇りに思った。エドゥアールとはすばらしく仲よくやっていけそうだった。まだ五歳なのに頭の回転が速く、好奇心に富んでいた。両親が離れた土地でガソリンスタンドを経営していて自分のそばにいないのを、少し寂しがっていた。両親はめったにやって来なかった。でも、わたしは責任感と思慮深さをもって、できるだけその埋め合わせをしようとつとめた。ときおり食事の用意を手伝うことがあって、わずかばかり心付けがもらえた。残らず、金属製の貯金箱に入れた。不自由な生活を送ってきたせいで、わたしは働きアリそっくりになっていた。日々はおだやかに流れ、仕事のおかげで生活に張りあいが戻ってきた。あらゆる試練にさらされてきたわたしは、この家庭でやっと休息を得る思いがした。暖かくかくまってくれるこの家でわたしは人生を学びなおし、怒りを捨て、復讐心を同情に変え、悲しい経験から力と知恵を引きだすことができたのだ。

　時を経たいま、少女時代のわたしを最もつらい気持ちにさせたのがまわりの人の無関心だったことを、強調せずにいられない。同じ家の兄弟姉妹をはじめ、わたしが苦しんでいる場に幾度か居合わせながら沈黙を守ってきた、親戚、隣人、クラスメートたちの無関心。これは、巻き込まれるのを避けてのことだろうか？　証人にされたくないからだろうか？あるいはただ、わたしを守る勇気がなかっただけか？

愛され、大事にされ、守られていると感じたがるのは、子どもの自然な欲求である。それを満たすには、ある程度の我慢強さはもちろん、たっぷりした愛情が必要だ。わたしはそのどちらにも恵まれなかった。他方で、子どもは大人に、手本を見せてくれること、やっていいことと悪いことの区別をはっきり教えてくれることを期待している。言葉をかえていえば、自分自身に対する正直さを彼らに与え、ある程度彼らを信用してやり、そして何よりも、彼らに自信を持たせなければならない。子どもを愛情で包み、やさしくし、将来自分ひとりで行動できるようにすること、そして何よりも、必要な場合は大人が頼りになるのだと身をもって示すこと。子どもの教育とは、そういうものではないだろうか。

子どもが叩かれるのをけっして容認してはならない。子どもが叩かれていたら、見て見ぬふりをせずに守ってあげてほしい。手遅れにならないうちに行動を起こしてほしい。その行動がひとつの命を助けることだってあるかもしれない。どこかの父親か母親が子どもを虐待していたら、ためらわず間に入ってほしい。そんな家庭では、子どもをひどく乱暴に扱っているか、じゅうぶんな食事を与えていない可能性がある。

ほとんどきまって、こうした親は社会的には「立派な親御さん」とみられていて、気の毒な子どもを人前でかわいがりさえするが、家庭の中では一貫してひどい親なのである……。

わたしも、そんな目にあった！　それはわたし自身の経験でもある。当時、わたしに次のような的確な質問をしてくれた人は誰もいなかった。「なぜそんなに学校を休むの？　からだじゅうにあるそのあざは、いったい何？　ねえ、どうしていつも古くなったパンばかり、何もつけずに食べてるの？」誰かのこんな質問がきっかけになって、大人が注意を向け、役所の福祉課が介入し、わたしの両親の暴力をストップさせることができたかもしれないのに。わたしの状況の深刻さがようやく問題視され、自宅から施設に移されたのは、七歳を迎える年になってからである。幼いころ周囲の人の沈黙と無関心の壁にとりまかれたことは、わたしを苦い気持ちでいっぱいにした。

あれから長い年月がたったけれど、わたしの心の一部は、いまなおあの暗い時期に結びついている。もしも、ぶたれるかわりに優しくなでられていたら、自分はどうなっていただろう？　床で悪夢にうなされるかわりに、ふんわりした快適なベッドで眠っていたら？

もうごみ入れに捨てたほうがいいような残り物のかわりに、まともに口にできる食事を与えられていたら？　そしてもし「よその家」で「別の子」に生まれていたら、わたしはおとぎ話のお姫様みたいに、妖精に見守られて暮らしていたかもしれない。妖精はその魔法の杖で、愛とやさしさに飢えたわたしの願いをかなえてくれたことだろう。でもわたしはそういうものをひとつも持ったことがないし、幼いころ胸に秘めていたこの想像世界を実現するには、もう時間がたちすぎてしまった。

結局わたしはいくつもの挫折に耐えて生きのびた。ここから先の話を読んでもらえば、わたしがこの逆境を比較的うまく切り抜けたことがわかっていただけるだろう。

メッスのすぐそばに位置する、マルロワという田舎の小村では、わたしの生活を乱暴にふみにじる者はもう誰もいなかった。日曜日は休みをもらえた。わたしは、手ごろな値段でちょっとした料理を出してくれる、「ラ・ショーミエール」というレストランでお昼を食べた。天気のいい日はきまってテラスに席をとり、枝垂《しだ》れ柳のしたで、本を読んだり刺繍をしたりした。食事を終えると、あるときはエドゥアールを連れて、あるときはひとりで、行く先を決めずに歩きだした。そんなふうに足の向くまま歩いていたある日、通称「牛の道」にさしかかった。もうずっと前から、朝夕、ひとりの農夫が牛を連れて牛舎と牧場との間を往復している道なので、そう呼ばれているのだった。いったいどんなところに出るのだろうと好奇心が湧いて、この近道に入ってみた。地面は前日降りつづいた雨をたっぷり含み、軽い散策気分のわたしをびっくりさせた。やがて、道のりの半分も進まないうちに、靴も薄緑色のズボンの裾も泥だらけになった。と、なかば泥にはまりこんだわたしのすぐそばで、はじけるような大きい笑い声。驚いたことに、若い男のひとが、わたしと同じようにぬかるみに足をとられて動けなくなっているのだった。わたしもつられて笑いだし、二人とも、やっと笑いやむとまた可笑しくなってしまうありさまだった。お互いに泥まみれのひどい恰好だったのに、何となく彼に好感をもって、残る道のりを一緒に歩いた。瞬く間に、わたしたちは打ち解けた……。

レーモンは男性の理想像からはほど遠かったけれど、なかなか魅力的だった。ユーモアたっぷりで、笑顔を絶やさなかった。背丈は中ぐらいで、フレームの太い眼鏡のために目がひきたって見えた。丸い顔立ちと、勢いのない髪を横にたらした少し禿《は》げかかった額が、善良な性格をよくあらわしていた。二十六歳だったが、お母さんに甘やかされて育ったせいで、余分な肉が何キロかついていた。でも彼自身は、この太り気味の体型をそれほど苦にしてはいない。開襟のポロシャツを着て、二重になりかかった顎《あご》をのぞかせている。彼のやさしさや気づかいや礼儀正しさを知ると、細かい容姿の欠点など忘れてしまえた。

わたしの主人夫婦は仕事のあとのデートを認めてくれ、ときには、彼にコーヒーやお茶菓子までふるまってくれた。わたしたちはときおり、村に一軒しかないカフェで待ち合わせて、語りあい、いろいろな事について考えを述べあった。

天気のいいとき、わたしたちはエドゥアールを仲間に入れて、子どもの冒険心を満たしてやった。農夫の許可を得て農場を訪れた日など、都会生まれの彼はすっかり心を奪われた様子だった。その農場には雌鶏、アヒル、豚、子牛、馬がいたが、一度にこれだけの種類の動物を見るのは、このいたずらっ子には初めての経験だった。しかしこの日最大のできごとは、何といっても、乳しぼりを見学し、しぼりたての牛乳を飲ませてもらったことだった。エドゥアールはすっかり夢中になり、わたしたちは農場の経営のしくみなども説明してやらなければならなかった。あるときは、わたしとレーモン二人だけで散策に出かけ、あの心に残る道を歩き、出会ったときのことを思い出してはしゃいだ。この道は、その後ずっと、ふたりの間で笑い話の種になった。

これといった心配事もなく、歳月が過ぎていった。わたしは明るく幸せで、昔のつらい日々を忘れられるまでになっていた。主人夫婦はわたしを立派な家族の一員とみなしてくれた。これまでずっと人の情愛を求めてきたわたしは、彼らの家で新しい活力を得て、かつての傷から回復するきっかけをつかんだ。わたしはいまも、アンドレ夫妻のおかげで人間への信頼が取り戻せたことを感謝している。悲嘆のさなかに、わたしはそんなものありはしないと目をつぶっていたのだ。いまこうして信頼を取り戻した以上、もしかしたら、すべてを許すことができる日が来るかもしれない。信頼がなかったら、意志のかけがえのない大切さもわからなかっただろう。生きることの良さを再び感じられるようになり、さらに内心の声がこう囁きかけてわたしを励ましてくれる気がする。「神様があなたを見捨てていないってことが、今にわかるわ。この世には正義が存在するのだし、あなたがつらい目にあうとしても、それは神様があなたを試しているのよ。あなたはへこたれずに光に向かって歩みつづけ、心を清らかにするようつとめ、主に感謝しなくてはいけないわ」

そのとき以来、わたしは自分の内部に、希望を生み、安らぎへと導くだけの力を見いだした。こうして、一九七五年七月のある日、わたしたちの結婚式が執り行なわれた。レーモンとわたしは、互いに限りない愛情を抱きつつ、まるで夢の中にいるようにこの一日を過ごした。現実とは思えないほど幸福だった。わたしは、自分をやさしく守り生活を支えてくれる相思相愛の男性と、結婚式に臨んでいたのだ。暖かくて思いやりのある彼は、わたしのどんなに小さな望みも、先回りしてかなえてくれた。エドゥアールは、パールグレーのおしゃれな上着を着て、得意そうにわたしの付添い役をつとめた。わたしたちの進む道に、女の子たちがバラの花びらをまいた。バルーンスリーブで、ネックラインにレースが施され、下は長いフレアになっているわたしのウエディングドレスは、真っ白に輝いていた。髪にはティアラをつけ、そこに長い引き裾をとめ、象眼細工の花飾りがついた裾の端を親戚の幼い娘ふたりが捧げもった。列席した人々はみなわたしを見て感嘆の声をあげ、祝いの言葉をかけてくれたけれど、わたしの目に映っているのは最愛のひとだけで、彼はわたしがふるえださないようにしっかり手を握ってくれている。誓いのことばを言い、指輪を交換するとき、わたしは喜びを抑えきれなくなり、夢中でレーモンにキスした。涙が、心を緊張から解き放つ涙が、頰のうえをとめどなく流れた。

陽気な雰囲気のなかで披露宴が催され、朝の五時ごろ、わたしたちはそっと会場を離れて、星の輝く空のしたに出た。この神聖な夜のため、主人夫婦のはからいで寝室が用意されていた。夢のような夜だった！……

翌日、わたしたちはジェラルメへ新婚旅行に出発した。ボノム峠、ディアーブル洞窟、ロンジュメール湖、ル・オアルド、グラン＝バロンといった、太陽と緑ゆたかなあこがれの場所を、わたしたちは残らず見てまわった。夜は、踊りに行ったり、周辺の村で催される田舎風のお祭りに加わったりした。天国にいるような夜が明けると、わたしたちはお互いの腕の中で目を覚ました。そんなにすばらしい一週間だったけれど、旅行から戻ると、悲しみで胸がいっぱいになった。夫と暮らすために、唯一の家族と思っていたアンドレ家の人たちともうすぐ別れることになるのだ。

わたしはこれまで、自分のほんとうの所有物というものをろくに持ったことがない。だから、新居となるアパルトマンを初めて見たとき、すぐには実感が湧かなかった。わたしはここを、文字どおりの愛の巣にしようと思った。部屋のひとつひとつを、個性的でくつろげる雰囲気に仕立てあげた。なかでも、大きなガラス窓からたっぷり日が差しこむ客間は大好きだった。床材に使われている陶土風の石が、この部屋に明るい砂色のトーンを添えていた。堂々とした木の家具の上にはテレビが置かれていた。右の壁際には、桜材の机があった。左側にある書棚には、大作家の本が何百冊もならんでいた。

わたしが心静かに本を読みたいとき好んですわる肘掛け椅子が、四隅のひとつを占めていた。ここはわたしだけの空間、わたしの生活の場だった。少女時代の夢のひとつ、ものを書くという志が、ついにかなえられたのだった。

レーモンとの生活では、毎日、新たな驚きや意外な喜びに出会うことができた。外出しないときはふたりしてソファーに身を沈め、時間を忘れてくつろいだ。

わたしたちの間には、何年かおいてふたりの子どもが誕生した。まず一九七八年にティエリが生まれ、義父エミールにとって初めての孫となった。義理の両親は家系にイタリア人の血が入っていることを誇りにしていたが、この子はまさに、イタリア系の男らしい自尊心を持っている。四歳年下の妹セリーヌは、上の子ほど甘やかされることなく育った。

子どもたちは幸福に成長している。ふたりとも幸せで、何ひとつ不自由していないと思う。健康にめぐまれ、わたしたちに心から愛されている。わたしたちはいつも、このふたりのそばについていてやるだろう。

わたしにとってこの子たちは自分の命と同じだ。この子たちとレーモンと四人で、わたしは毎日、毎年、こつこつと幸せを築いてきた。困難にも出会ったけれど、みんなで力をあわせて乗りこえた。子どもはわたしたちのいちばん大切な財産で、どんなときも、わたしはけっしてティエリやセリーヌをぶったことはない。自分が受けた乱暴なお仕置きはすべて、わが子に注ぐやさしさと愛に変えた。わたしはこれまでずっと、子どもを叩くことは無益で恥ずべき行為だと考えてきた。この言語道断の行為は親から子へ受け継がれるものではない。わたしの願いは、親子関係において意思の疎通や誠実さや希望、そして理解がどんなにたいせつであるかを知っていただくのに、この物語がいくらかでも役に立つことである。

追　記

カミーユ、ジュスティーヌはじめ寄宿学校で一緒だった友人たちとは、ある日わたしたちを結びつけたのと同じ運命の力によって、別れ別れになった。文通をするあいだに、カミーユが魅力的な青年と結婚し、彼の力で幸せになれそうだと知った。ジュスティーヌは運にめぐまれなかったが、最後には、自分自身が子どもの世話をすることに生きがいを見いだした。互いを隔てる距離と、仕事と、それぞれの家庭生活は、わたしたちの美しい友情をしだいに弱め、ほどなく、記憶が残るのを許すのみとなった。時がたつにつれてわたしたちの便りは間遠になり、やがて絶えた。アリシアとエドゥアールからはほんのわずかの消息しか届かず、そのうち音信不通になった。そのときにはもう、彼らには彼らの、わたしにはわたしの人生があったのである。

エピローグ

わたしの身に起こったような体験は例外だ、と考えるかたがいるかもしれません。わたしは極端なペシミズムでその人たちの目を開かせようとは思いません。けれども、幼い「コゼット」や「にんじん」（フランスの作家ジュール・ルナールの同名小説（一八九四作）の主人公）が、公式の数字だけでも児童人口の一〇％に達することは事実です。みなさんの目は確かでしょうか。どれほどのかわいそうな子どもが、いまも知られずにいることでしょう。

わたしが幼かった頃の時代状況に照らしてこの物語をとらえ直すと、ほとんどの子どもにとって厳しい教育を受けることはあたり前で、当時ふつうに売られていた体罰用の鞭や父親のベルトが、失敗をしでかさないよう子どもに緊張を強いていたのです。お尻をいくらぶっても、折檻を加えても、それで子どもが死ぬことはないとされ、逆にそうすることが良いしつけの証と考えられていました。マイナス面はことごとく隠されていたのです。

自尊心がこうむる傷や屈辱など、その頃の育児方法の心理的後遺症はまだ大目にみることができます。でもわたしは、自分の兄弟姉妹のなかでただひとり虐待され、憎まれたのです。この疎外に、わたしはいちばん苦しみました。どうして？　いったいどうしてわたしだけ？　生まれてきてはいけなかったの？

この絶え間ない問いを、わたしはいまも常に頭の中で反芻していますが、残念ながら答えは見つかりそうにありません。

幼かったので、わたしは耐えました。ほかにどうすることもできなかったのです。はっきりした理由もなく咎《とが》められ、助けてくれる人もいませんでした。その後、いろいろな社会組織ができ、その機能がまだ完全とはいえないにせよ、曲がりなりにも活動を行なっています。いまでは子どもは自分にどんな権利があるか知ることができますし、それを知らせることは大人の義務でもあります。国の教育機関は、幼稚園児・小学生に対する虐待の防止策をいっそう進める必要があるでしょう。

今日でさえ、小さい子どもが家庭内の自分の状況について自ら訴えでることはめったにありません。善悪を判断するには距離をおいて見ることが必要ですが、たいていはひとりぼっちの幼い子どもには、それができないのです。さらに、親に愛されないために生じる罪責感で、その子はますます自分に自信がなくなります。われわれ大人の側が、つねに注意深い目をもち、隣近所の問題に介入する勇気を持つしかありません。自分ひとりで身を守るには、子どもはあまりに弱い存在です。

わたしの証言が、みなさんの同情を誘うばかりでなく、ひとつの社会現象に気づくきっかけになることを願っています。残念ながらその現象は、この社会でふつうに起こっていることなのですから。わたしたちは力の及ぶかぎり、人類にとっての希望の光、命の光を消してはならないのです。蔑《ないがし》ろにされる子どもが今後ひとりもいなくなるように、どうかわたしとともに、子どもたちの境遇に注意を向けてみてください。救いを必要とする子どもを探して、やさしく手を差しのべてあげてください。

日本版のためのあとがき

まもなく五十歳を迎える今日、昔の記憶がときおり甦ることはありますが、ともかくも自分の人生が変わったと言えるのは確かです。身近にいる人を助けずにはいられないわたしを、友人たちは善人の度が過ぎるといってからかいます。わたしの職場は映画館で、そこでさまざまな仕事をこなしています。映写の手伝い、入場券のチェックだけでなく、場合によっては売店でジュースを売ったり窓口でお金を扱ったりもします。従業員代表と組合役員の任にもあたっています。仕事は新鮮で楽しく、みんな心から協調しあい、勤務時間も自由が利くように配慮されています。

何年もの間、わたしはちょうど日記を書くように、小型のノートに断片的に走り書きをしてきました。この本は、そのようにして生まれたのです。当時わたしは自分の抱えている問題を誰かに聞いてほしいと思いながら、誰にも話せずにいました。ある日、旧知の間柄にある医師から、精神療法としてもっと腰をすえて自分の体験を書くようにすすめられ、その通りやりはじめました。書いたものを人に見せる怖さや恥ずかしさに加え、自責の念にも駆られて、なかなか大変な作業でした。しかしこの療法の効果はすばらしく、わたしは言葉を綴ることに心の支えを感じるようになりました。そしてまた、わたしの物語がほかの人々を救う役に立つなら、自分の努力は報われると思いました。果たして、本が出版されると、新聞、雑誌、ラジオ、テレビを通じてたくさんの反響があり、出版から二年を経たいまも、わたしは取材の申し込みを受けています。本書がこのようなインパクトを世の人々に与えたことを、たいへんうれしく思います。

現在、すでに二十四歳と十九歳になっているわたしの子どもたち、ティエリとセリーヌは、平穏な家庭環境のなかで成長しました。わたしはふたりが危険な目にあうことのないよう、そしてしっかり育つよう努めてきました。その努力は実り、子どもたちにとって良い母親だったと、ひとまず言える気がします。自分の母親からはついに示してもらうことのなかった愛情と思いやりを、わたしはふたりに注ぎました。子どもには、やさしく支えられているという実感が何よりも必要なのです。

セリーヌはもともと子どもも好きでしたが、わたしの物語に強く心を動かされたらしく、児童虐待防止の活動に携わる決心をしました。大学入学資格を取得したら保母をめざす、と言っています。救急隊員になったティエリには、ときおり、めぐまれない条件に置かれた子どもを病院へ搬送する日があります。そしてよくわたしに、ごく普通の生活すら送れないこうした子どもたちの苦難と悲しみを話してくれます。息子の言葉はそのまま、「無関心に安住していてはいけない」という、大人たちへの訴えかけに聞こえます。わたしたちにとってかけがえのない財産である子どもは、自分で自分の身を守る強さを持たない、弱く壊れやすい存在なのです。

（写真中央が著者。二人の子どもとともに）

訳者あとがき

のっけから自慢めくが、フランスで出版されるおびただしい数の新刊書からこの本を見つけだしたのは、私である。原書の刊行は二〇〇〇年八月だが、ようやく、こうして日本語でお届けする日を迎えることができた。

本書の原題を訳すと『蔑ろにされた子ども時代』あるいは『虐げられた少女時代』という、かなり暗い内容を想像させるものになる。たしかに初めの二章は、母親の無情な折檻に苦しめられる六歳の少女の、いたたまれないような暗い日々を描いている。しかし、かかりつけの医師の介入によってカトリック系の養護施設に入所してからの生活が語られる第三章以降は、持ち前の活発さで逆境をはねのけていく、頼もしいヒロインが活躍する物語になる。あたかも日陰に置かれっぱなしでろくに水も与えられなかった鉢植えの花が、日なたに出されてにわかに茎をのばし、開花するように、施設で生活を始めたジョジアーヌは心もからだも元気になり、やがて健康で聡明な十代の少女に成長する。しかし彼女に理不尽な権力をふるう母親は、幸せそうな娘をそっとしてはおかない。われらのジョジアーヌはピンチを切り抜けられるか？　そんな物語の内容をあらわすために、この邦訳では

『母の手を逃れて』というタイトルが選ばれた。

いま「物語」と言ったけれど、ヒロインの名と著者の名の一致が示すとおり、本書は自伝である。本書がもたらす感動は、著者の実人生の裏打ちがあるからこそのものだ。仏文科の学生時代フローベールを愛読していた私は、できごとが「いま、ここで」生起するように描かれ、かつ歳月の経過をどしりと感じさせてくれる小説が好きなのだが、文壇的には無名の女性がフローベールばりの正攻法の書き方で自らの体験を形にしたことに、快い驚きをおぼえる。そして主人公が、フローベール的なアンチ＝ヒーローでなく、少女小説のヒロインの系譜に連なる強さを持っているおかげで、読んで元気が出る。子どもにすら読める本とは言えないかもしれないが、かりに今現在、親の虐待に苦しんでいる子どもがこれを読めたとしたら、「あなたには保護される権利があるのよ。孤独に戦う必要はないのよ」という著者のメッセージを受け取って、生きのびる勇気を奮い起こすにちがいない。

一般のおとなの読者には、二回お読みになることをおすすめしよう。一回目は、何の用意もなしに、少女ジョジアーヌに自らを重ね合わせて読む。忍びよる母親の影に彼女とともにおびえ、彼女以上に、この恐ろしい母親を憎んでもいい。「自分で可愛がれないくせに、意地でも娘を取り戻そうとするのはどうして？　どうかしてるわよ！」というふうに。

それから、児童虐待にくわしい専門家が書いた本、たとえば西澤哲『子どものトラウマ』(講談社現代新書)を読んでみる。被虐待児の心理、それをケアする人々の姿勢がわかったところで、本書を再び手にとっていただきたい。いままで把握しきれなかった、母親に対するジョジアーヌの心の揺れや、裁判所および施設の側が親をシャットアウトしない理由が、わかってくることだろう。じつは私自身が、以上ふた通りの読み方をしたのである。

次に、著者が訴えている無関心からの覚醒について訳者なりの考えを述べてみる。周囲の人に関心を向けないことは、都会生活を営むうえで不可欠のマナーである。このマナーが浸透しているからこそ、私たちは安心して公共の施設や乗物を利用できるのである。ただ、日常生活でそれが習慣になりきっているため、いざというとき、なすべき行動に踏みきれない。先日、親とはぐれて路上で泣いている男の子のそばを、私は通り過ぎかけた。すると「あのぉすみません、お母さんいなくなっちゃったんですけど」と涙声で呼びとめられた。お恥ずかしい次第である。私たちは「無関心」のスイッチを、必要に応じて「関心」に切りかえればいいのだ。

著者ジョジアーヌ・ペランは、本書の執筆をきっかけに、インターネットのホームページで読者とのコミュニケーションをはかっている。関心のある方はご覧いただきたい(http://www.multimania.com/bafouee)。

翻訳は、岩澤の訳文に朝比奈が加筆訂正を施し、それをもとに再び岩澤が最終稿をつくる、という手順で行なった。敬慕する先達との共同作業は、私にとって得がたく喜ばしいものだった。原語の疑問点については、畏友ジャン＝ミシェル・バルダン氏の教示を得た。最後に、企画段階から本書の出版を支援してくださった紀伊國屋書店の矢内裕子さん、そして、訳文に目を通し貴重な助言を与えてくださった、同じく紀伊國屋書店の今村祐子さんに、心からお礼を申し上げたい。

二〇〇二年四月

訳者を代表して　岩澤雅利

著者紹介

ジョジアーヌ・ペラン（Josyane Perrin）

1952年生まれ。一男一女の母。セラピーの一環として虐待体験を文章化するよう医師にすすめられ、本書を執筆。テーマの深刻さからは予想もつかない淡々とした詩的な叙述が注目され、世界の児童問題を伝える叢書の一冊として、2000年フランスで刊行された。現在も、被虐待児を救うボランティア活動をライフワークとして続けている。日本語版刊行にあたって、日本の読者に向けて「あとがき」を書き下ろした。

訳者紹介

朝比奈弘治（あさひなこうじ）

明治学院大学文学部教授。主な著書に『フローベール「サラムボー」を読む―小説・物語・テクスト』（水声社）、主な訳書に『文体練習』レーモン・クノー著（朝日出版社）、『地底旅行』ジュール・ヴェルヌ著（岩波文庫）、『椿姫』デュマ・フィス著（新書館）、『日本の大衆文学』セシル・サカイ著（平凡社）等がある。

岩澤雅利（いわさわまさとし）

翻訳家。成城大学文芸学部で山田爵、東京外国語大学大学院で岩崎力、西永良成の各氏に師事。専攻は19世紀フランス文学。

母の手を逃れて

2002年6月30日　第1刷発行

著　者　**ジョジアーヌ・ペラン**
訳　者　**朝比奈弘治・岩澤雅利**

発行所　**株式会社紀伊國屋書店**
東京都新宿新宿3-17-7
出版部（編集）　電話03-5469-5919
ホールセール部（営業）　電話03-5469-5918
〒150-8513　東京都渋谷区東3-13-11

印刷・製本　**中央精版印刷株式会社**

ISBN4-314-00919-5 C0098
Printed in Japan

定価は外装に表示してあります